Kusan Sunim

Neun Berge

Angkor Verlag

Neun Berge. Die Lehre des koreanischen Zen-Meisters Kusan Sunim./Suryeon, Gusan (Sonsan, Kusan). – Frankfurt am Main: Angkor Verlag 2022

Deutsch von Tarô Yamada.

Coverabbildung: Elina Li/shutterstock.com
Illustrationen: iStock.com/Umi_ko

Printed in Germany

www.angkor-verlag.de

ISBN: 978-3-943839-79-1

Inhalt

Einleitung

Kusan („Neun Berge“) Sunim galt als herausragender koreanischer Mönch in der Seon(jap. Zen)-Tradition. Sein Geburtsdatum ist unklar, sicher ist, dass er Mitte der 70er-Jahre auch international bekannt war und Gemeinschaften auf der ganzen Welt betreute. 1983 starb er, und man erzählt sich bis heute Geschichten wie die, dass er so lange stehend meditieren konnte, bis Vögel anfingen, auf der Suche nach Material für ihren Nestbau an seiner Robe zu picken.

Aus der Einführung in die englischsprachige Ausgabe (1978) des „International Meditation Centre“: „Die erste Textauswahl, Der Weg zum anderen Ufer, enthält Material, das der Meister in Gesprächen mit Menschen (vor allem Westlern), die noch nie mit dem Buddhismus in Berührung gekommen sind, behandelt. (...) Sie wurde verfasst, um eine grundlegende Beschreibung der buddhistischen Analyse der Welt, der sich daraus ergebenden Lebensauffassung sowie der Ziele und der Praxis der buddhistischen Meditation zu geben.

Die zweite Auswahl, Die sieben Paramita, ist ein Leitfaden für die Praxis des Buddhismus im Alltag und richtet sich speziell an die Bedürfnisse von Laienanhängern. Es handelt sich um einen Vortrag, der 1976 vor einer buddhistischen Laienorganisation in Daejeon gehalten wurde.

Die letzte Auswahl besteht sowohl aus einem einführenden Bericht über den Lebensstil der Meditierenden, die in der Meditationshalle wohnen, als auch aus formalen Dharma-Vorträgen, die in klassischem Chinesisch verfasst und den Meditationsmönchen, die in Song Kwang Sa, einem Haupttempel des Jogye-Ordens, übten, während der dreimonatigen Winter- und Sommerklausuren von 1975–76 gehalten wurden. Sie richten sich an Übende, die die hwadu(kung-an)-Meditation entwickeln, mit zwei Zielen vor Augen: dem beginnenden Schüler eine zusätzliche Quelle zur Stärkung des Gefühls des Zweifels zu bieten, das den untrennbaren Kern der hwadu-Meditation bildet, indem er eine Darlegung des Verständnisses des Erleuchteten hört; und dem fortgeschrittenen Schüler den letzten Anstoß zu geben, den er braucht, um das i-ching oder ‚Gefühl des Zweifels' zu durchbrechen, was die Erfahrung des chien-hsing (見性, jap. kenshô) bzw. das Sehen der eigenen wahren Natur hervorbringen wird. Es handelt sich dabei also um Meditationsanleitungen für Fortgeschrittene."

I

DHARMA-GESPRÄCHE

Der Weg zum anderen Ufer I

Vorwort

Im grünen Wald pendelt ein goldener Pirol hin und her und spinnt die Seide des Frühlings. Dieser Mönch döst während seiner Sitzungen und ein steinerner Buddha lächelt. Während ich tief im Wald auf dem Chogye-Berg ein Nickerchen mache, antworte ich den vorbeiziehenden „Wolken und dem Wasser“, wenn sie mich etwas fragen wollen – mich, diesen nutzlosen, alten und verwelkten Mann.

Viele Menschen aus verschiedenen Ländern in Ost und West sind zu mir gekommen. Wenn sie nach dem Weg fragten, dem sie im Leben folgen sollten, habe ich versucht, ihnen die Richtung zu zeigen, während an meiner Seite einige meiner ausländischen Schüler die Verantwortung für das Übersetzen übernahmen. Sie haben mehrmals darum gebeten, die Worte, die sie bei diesen Gesprächen gehört haben, abschreiben zu dürfen; da ich aber nichts vom Schreiben verstehe, konnte ich ihrer Bitte nicht nachkommen. Dennoch habe ich als Geschenk an meine Freunde, die aus fremden Ländern, die viele tausend Meilen entfernt sind, gekommen sind, unbeholfen ein paar Worte aufgezeichnet, die sie nach Belieben verwenden können.

Wenn ein Blinder, der eine Reihe von Blinden anführt, zufällig in einen Graben stürzt, werden ihm alle anderen folgen; da ich also sicher bin, dass ich mich geirrt haben muss, hoffe ich, dass ihr mich streng tadeln und mir die Peitsche der Führung geben werdet, wenn es strittige Punkte gibt.

Die wertvollste Sache der Welt

Wenn Menschen zu mir kommen, frage ich sie oft, was das Wertvollste auf der Welt ist. Einige haben gesagt, es sei der Weltfrieden. Andere haben gesagt, es sei eine Freundschaft, die keine nationalen Grenzen kennt. Wieder andere sagten: Ansehen, Kunst, Reichtum, Seelenfrieden oder das Leben. Es geht nicht darum, dass diese Dinge nicht wertvoll wären, sondern dass es etwas gibt, das wertvoller ist als sie. Bin nicht nur ich es, der auf unterschiedliche Art und Weise mag und ablehnt, unterscheidet und urteilt, wie oben beschrieben? Und wie ist das möglich? Ist es nicht so, dass es ein „Ich“ geben muss, das die Dinge verstehen und ihren Wert beurteilen kann? Wenn es kein „Ich“ gibt, muss es dann nicht etwas anderes geben? Doch wie kann es etwas anderes geben, das anstelle des „Ichs“ versteht und urteilt?

Auf diese Art und Weise befragt, können die Menschen nicht antworten.

Was ist „Ich“?

Wenn ich frage, was das „Ich“ ist, antwortet jeder mit Begriffen wie „ich – ich selbst“. Natürlich ist das tatsächlich das „Ich“, aber das „Wahre Ich“ muss vom „Falschen Ich“ unterschieden werden: Das „Wahre Ich“ ist nicht durch den physischen Körper eingeschränkt.

Wenn du träumst, kommen dann nicht Berge, Flüsse, deine Freunde und eine ganze Reihe anderer Dinge in diesen Träumen vor? Natürlich gibt es das.

Ist im Traum Feuer kalt und Eis heiß, ist Zucker salzig und Salz süß? Die meisten Menschen antworten, dass sie diese Art von Erfahrungen nicht machen.

Wenn wir in unseren Träumen mit ungerechten Dingen konfrontiert werden, nehmen wir sie dann einfach hin, egal wie ungerecht sie sind, nur weil es ein Traum ist, oder widersetzen wir uns ihnen? Unabhängig davon, wie sehr es auch nur ein Traum sein mag, denken wir in diesem Moment nicht einmal daran, dass es ein Traum ist, sondern wir wehren uns natürlich gegen diese Ungerechtigkeiten.

Was ist das „Ich“ im Traum? Können wir während des Träumens auch auf unser Selbst zeigen und sagen, dass es das „Ich“ ist, oder würden wir sagen, dass es nicht das „Ich“ ist?“ Wenn man so gefragt wird, antworten die Menschen, dass es auch das „Ich“ ist.

Aber was ist dann der Unterschied zwischen dem „Ich“ im Traum und dem „Ich“ jetzt?

Sie sind beide „Ich“.“ Aber kann es zwei „Ichs“ geben? Nein, es kann nicht zwei „Ichs“ geben. Welches ist dann das wahre „Ich“? Derjenige, der jetzt spricht, ist das wahre „Ich“.

Was ist dann mit dem „Ich“, das im Traum auch bitter und süß kennt und Vorlieben und Abneigungen hat?

Es ist eine Illusion.

Wenn man zu dem Schluss kommt, dass das „Ich“ im Traum eine Illusion ist, sind wir dann selbst real?

Wir sind real.

Obwohl es zweifellos „Ich“ in den Träumen ist und „Ich“ jetzt, können wir die Träume anderer leicht als illusorisch zurückweisen; aber wie können wir daraus schließen, dass die Tatsachen, von denen wir selbst wissen, dass sie wahr sind, in Wirklichkeit Illusion sind? Träume sind eindeutig eine Funktion des Geistes.

So wird deutlich, dass das Funktionieren des Geistes nicht nur auf sein Wirken durch die Sinnesorgane des physischen Körpers beschränkt ist; denn wenn seine physische Sinneserfahrung während des Schlafes vollständig abgeschnitten ist, begegnet der Geist während der Träume weiterhin einem ganzen Bereich von Erfahrungen, der völlig unabhängig vom physischen Körper ist. In gleicher Weise kann der Geist aufgrund seiner Fähigkeit, unabhängig zu operieren, weiter funktionieren, selbst wenn die Funktion des physischen Körpers mit dem Tod endet. Daher ist der Körper das „Falsche Ich“ und der Geist ist das „Wahre Ich“.

Träume

Träume entstehen aufgrund des folgenden Prozesses. Dinge, die in der phänomenalen Welt durch die fünf Sinnesbewusstseine (Auge, Ohr, Nase, Zunge und Körper) erfahren werden, und geistige Objekte, die im Verstand durch das sechste Sinnesbewusstsein (das Verstandesbewusstsein) erfahren werden, werden in gut und schlecht unterschieden und durch das siebte Bewusstsein, das Regierende Bewusstsein, in Bezug auf das „Ich“ beurteilt. Das achte, das Speicher-Bewusstsein, zeichnet die Eindrücke der Dinge auf, die bis zum und durch das sechste Bewusstsein erlebt wurden, sowie die verschiedenen Arten von guten, schlechten, richtigen und falschen Urteilen, die vom siebten Bewusstsein gefällt wurden, und speichert sie. Das neunte, das Geist-König-Bewusstsein, auch das Reine Bewusstsein genannt, hat die Kontrolle über alle Bewusstseine bis zum achten. Wenn wir in den Schlaf eintreten und die Funktion aller Bewusstseine vom ersten bis zum sechsten zum Stillstand kommt, übernimmt die Funktion dieses neunten Bewusstseins und absorbiert sie in sich selbst.

Dieser Prozess ist vergleichbar mit der Projektion eines Films: das siebte, achte und neunte Bewusstsein haben jeweils die Rolle der Leinwand, des Films und der reflektierenden Linse; und die Verunreinigungen (die Handlung auf der Leinwand) sind das, was sich als Träume während des Schlafes manifestiert und was die Umgebung während des Wachzustandes verzerrt.

Außerdem beziehen sich die Träume, die am Abend erscheinen, selbst in einer Nacht auf vergangene Ereignisse, während die Träume, die am frühen Morgen erscheinen, die Zukunft vorwegnehmen. Dinge, die man nie selbst erlebt hat und die erscheinen, sind Dinge, die entweder vor dem Erwerb dieses Körpers geschehen sind oder die entweder später in diesem Leben oder nach der Auflösung dieses Körpers geschehen werden. Dies ist möglich, weil das neunte Bewusstsein, das Reine Bewusstsein, die drei Zeitperioden der Vergangenheit, der Gegenwart und der Zukunft durchdringt. Zweifelsohne sind Träume eine Funktion des Geistes.

Obwohl sich die Standardpsychologie mit dem so genannten Unterbewusstsein befasst hat – mit Ausnahme des sechsten Bewusstseins –, hat die Nur-Geist-Lehre (Vijnanavada) des Buddhismus es erschöpfend in eine Anzahl von Bewusstseinen analysiert, wie oben erwähnt.

In der allgemeinen Welt betrachten wir den physischen Körper und die phänomenale Welt als real; aber lasst uns das genauer untersuchen.

Illusion und Wirklichkeit

Was sich ändern kann, ist Illusion; was sich nicht ändern lässt, ist Realität. Man sagt, dass Träume illusorisch sind, denn nachdem ein Traum erschienen ist, verschwindet er und ein neuer erscheint in einem ständigen Kreislauf. Das gilt nicht nur für die Welt der Träume, denn auch wenn wir diesen Körper als real bezeichnen, ist er offensichtlich einem ständigen Reifungs- und Verfallsprozess unterworfen. Ein heranwachsendes Kind hört nicht eine Sekunde lang auf zu wachsen; aber auch ein alter Mensch hört nicht eine Sekunde lang auf zu altern. Wir verändern uns ständig.

Von dem Moment an, in dem wir in die Welt hineingeboren werden, während wir wachsen, laufen wir gleichzeitig auf den Tod zu. Wenn ein solcher Körper keine Illusion ist, was ist er dann?

Die Menschen halten alles, was in den Sinnessphären auftaucht, für real. Zum Beispiel gibt es hier einen Kuchen. Ist er etwas, das existiert oder nicht? Ist er real oder ist er eine Illusion? Wir werden antworten, dass er sicherlich real ist; aber wäre er nach einer Sekunde, wenn der Kuchen gegessen wird, immer noch real?

Um dies noch zu erweitern: Obwohl diese Welt stabil zu sein scheint, kann irgendwann plötzlich eine Insel mitten im Ozean auftauchen oder ein Kontinent im Meer versinken. Wenn also unsere phänomenale Welt nicht auch eine Illusion ist, was ist sie dann?

Wenn dieser Körper gesund ist, glauben wir, dass er hundert Jahre leben könnte, aber wenn wir nur ein Mal nach dem Ausatmen nicht einatmen oder nach dem Einatmen nicht ausatmen können, dann sind das die hundert Jahre. Diese hundert Jahre des Lebens hängen also von einem einzigen Atemzug ab. Wo können wir also einen Ort der Sicherheit finden? Wo kann der Geist, der diesen Körper steuert, zur Ruhe kommen? Ist es nicht letztlich so, dass der Glaube an den Körper vom Körper betrogen wird?
Dieser Körper ist eine Illusion: Wie kann man an ihn glauben? Wenn wir zum Geist erwachen könnten, wäre das nicht das größte Glück?

Deshalb sind nicht nur Träume, sondern auch die phänomenale Welt nichts anderes als Illusion.

Subjekt und Objekt

Ich habe viele Menschen gefragt, ob das Subjekt oder das Objekt zuerst erscheint. Einige antworten, dass Subjekt und Objekt gleichzeitig erscheinen. Diese Antwort lässt das „Ich“, das vor der Geburt dieses Körpers vorhanden war, völlig außer Acht, denn sie impliziert unmissverständlich, dass, wenn der Körper stirbt, auch der Geist entsprechend stirbt. Eigentlich ist diese Ansicht, dass der Geist im Moment des Todes des Körpers ebenfalls stirbt, dasselbe wie die Ansicht der Vernichtung. Würde diese Ansicht nicht bedeuten, dass der Geist, der an den Körper gebunden ist, nicht unabhängig agieren kann? Eine solche Person könnte keine Träume haben, denn Träume sind eine Funktion, die vom Körper getrennt ist.

Andere antworten, Subjekt und Objekt seien nicht zu trennen. Aber das ist wie bei denjenigen, die fragen, ob die Henne oder das Ei zuerst da war. Sowohl die Henne als auch das Ei sind illusorische materielle Dinge; daher sind solche Vorschläge die Worte derer, die in der Illusion verstrickt leben.

Andere antworten, dass das Objekt an erster Stelle steht. Auch sie sehen fälschlicherweise die illusorischen materiellen Dinge als den Mittelpunkt des Lebens an.

Eine von materiellen Dingen geprägte Welt ist eine Welt, die sich nicht von der der Tiere unterscheidet und in der der wahre Wert des Menschen verloren geht. Alle Tiere unterscheiden auch zwischen Mann und Frau, zeugen Nachwuchs, suchen nach Nahrung für ihren Lebensunterhalt und bemühen sich, in Freiheit zu leben. Aber es gibt bei ihnen keinerlei Benimmregeln oder Moral. Folglich wissen sie absolut nichts über Eltern, Kinder oder Freunde.

Andere antworten, dass das Subjekt an erster Stelle steht. Ein solcher Mensch weiß die phänomenale Welt zu nutzen, ohne sie abgelehnt zu haben; und da er fähig ist, sich an die Welt anzupassen, kann er den richtigen Weg gehen.

Es wurde auch die Frage gestellt, ob der Körper, die Erde und die gesamte Menschheit vom Standpunkt des Subjekts aus gesehen gleich oder verschieden sind. Da sowohl der Körper als auch die Welt aus den vier großen Elementen zusammengesetzt sind, sind diese Welt, die Menschheit und alle Tiere nicht anders als man selbst. Genau das ist das „Große Ich“. Und da wir wissen, dass es nicht möglich ist, irgendeine Komponente vom Rest der Welt zu trennen, können sowohl Objekte als auch das relative „Ich“ nicht wirklich existieren. Daher ist das „Große Ich“ genau „Ich-los“.

Was ist in diesem Fall das „kleine Ich“? Es ist die Ansicht, dass nur dieser physische Körper, der nicht größer als sechs oder sieben Fuß ist, das „Ich“ ist, und dass alles andere ein Objekt ohne Bezug zu ihm ist. Da ein solcher Mensch nur die Dinge als sein Eigentum betrachtet, die er persönlich besitzt, kann er, auch wenn er Hunderttausende von Millionen Dollar an Reichtümern besitzt, im Grunde genommen nicht umhin, völlig mittellos zu sein. Und nicht nur das: Selbst wenn er sich inmitten von Zehntausenden von Menschen befindet, kann er die Einsamkeit nicht vermeiden, denn all diese Menschen sind nur Objekte, und er ist nur dieser eine Körper.

Wenn wir also gefragt werden, auf welcher Ebene wir unser Leben leben sollten, würde jeder sagen, dass wir natürlich auf der Ebene des „Großen Ichs" leben sollten. Wenn wir von der Ebene des „Großen Ichs" aus die äußere Welt betrachten, sehen wir sie als die Welt der wahren Essenz, in der alles unterscheidende Wissen (d. h. die Unterscheidungen zwischen männlich und weiblich, alt und jung, Samsara und Nirwana, Religionen, fern und nah, gut oder schlecht, richtig oder falsch, den Paradiesen, Himmeln und unserer Saha-Welt) zu Ende geht.

Gewöhnlich wird gesagt, dass Bilder des Buddha Götzen sind, aber das sind die Worte von unwissenden Menschen, die weder sich selbst noch die große Wahrheit des Universums kennen.

Wenn wir wüssten, dass wir die Absoluten sind, die souverän über die Welt herrschen, würden wir uns nicht durch selbstmörderische, dumme Handlungen verrückt machen, sondern uns beeilen, unser „Wahres Ich“ zu entdecken. Da die Welt, die Menschheit, empfindungsfähige und unempfindungsfähige Objekte, das Universum und die gesamte Schöpfung wir selbst sind, wo kann es in diesem Universum einen Schöpfer geben? Die Selbst-Natur, die uns selbst überwacht, ist genau das „Wahre Ich“.

Im Garten von Song Kwang Sa steht ein toter Wacholderbaum. Auf dem Schild davor steht: „Wenn ich lebe, lebst du; wenn ich sterbe, stirbst du.“ Diese Aussage wurde fälschlicherweise dahingehend interpretiert, dass, wenn der Nationallehrer Bojo (der den Baum vor achthundert Jahren gepflanzt hat) wieder lebendig würde, auch dieser tote Wacholderbaum wieder lebendig würde; aber so ist es nicht gemeint. Es bedeutet vielmehr, dass, wenn wir unser „Wahres Ich“ entdecken und Geburt und Tod transzendieren, wir selbst und alles im gesamten Universum gleichzeitig Geburt und Tod transzendieren.

Solange wir verblendet sind, bleiben Subjekt und Objekt getrennt; aber mit der Erleuchtung transzendieren wir sowohl Subjekt als auch Objekt und werden ein herausragender Mensch.

Die Welt der fühlenden Wesen (Samsarisches Dasein)

Wie bereits erwähnt, ist der Verstand der Meister, der alle unsere Handlungen lenkt. Obwohl die Weltbevölkerung vier Milliarden beträgt: Wie viele Menschen haben ihr „Wahres Ich“ verwirklicht? Wenn wir davon ausgehen, dass es vierzig sind, können wir schlussfolgern, dass es eine solche Person pro hundert Millionen gibt; wenn wir davon ausgehen, dass es nur vier sind, dann gibt es nur eine pro Milliarde. Menschen, die nicht zum Geist erwacht sind, leben versklavt von ihrer Umgebung; sie träumen nicht nur im Schlaf, sondern auch mit offenen Augen leben sie in einem Traum. Wie quälend ist das! Wenn wir in Unkenntnis des „Wahren Ichs“ handeln, können wir nichts anderes tun, als die Rolle eines Blinden zu spielen, der von Osten nach Westen, durch die Vergangenheit in die Gegenwart geht. Deshalb gibt es jedes Mal, wenn wir einen Schritt machen oder die Hände bewegen, keine Handlung, die nicht ungeschickt ist, und jedes Mal, wenn wir einen Gedanken hervorbringen, gibt es keinen Gedanken, der nicht verunreinigt ist.

Wenn der Geist dunkel ist, sagen wir, dass er ein fühlendes Wesen ist; die Welt, in der fühlende Wesen wohnen, wird die Saha-Welt genannt; und weil wir nicht in der Lage sind, uns vom Leiden zu trennen, von Geburt und Tod, sagen wir, es gibt das Meer des Leidens. Und es gibt eine Anhaftung daran, weil wir uns an der Geburt erfreuen und über den Tod trauern. Wenn wir uns Verdienste erwerben, kommen wir in den Himmel; wenn wir das Gute kultivieren, werden wir als Menschen geboren; wenn wir eifersüchtig und neidisch sind, werden wir als asura (Halbgötter) geboren; und wenn wir zornig sind, fallen wir in die Hölle. Wenn wir ohne Besonnenheit Begierde und sinnliches Verlangen hervorrufen, erscheinen wir unter den hungrigen Geistern; und wenn wir, obwohl wir wissen, was richtig ist, keine richtigen Handlungen ausführen, oder wenn wir, obwohl wir wissen, was falsch ist, absichtlich Übertretungen begehen, werden wir in die Tierbereiche geboren. So wird niemals der Tag kommen, an dem das Meer des Leidens, das sich über die sechs Daseinsbereiche erstreckt, austrocknen wird. All diese Fehler resultieren daraus, dass wir in Unkenntnis des Geistes bleiben, während wir versklavt von unserer Umwelt leben.

Was ist das Ziel des Buddhismus? Buddha bedeutet Erleuchtung. Erleuchtung bedeutet, zum Geist zu erwachen. Aber für diejenigen, deren Geist in der Dunkelheit verbleibt, existiert das Meer des Leidens der sechs Regionen weiter. Es gibt diese Welt des Schmerzes und des Leidens für diejenigen, die in den sechs Regionen leben, entweder als Götter, Menschen, asura, Höllenwesen, hungrige Geister oder Tiere. Obwohl es nichts war, das sein musste, hat sich die Welt der fühlenden Wesen ausgeweitet, weil sich jeder daran gewöhnt hat, an die Umgebung gebunden zu sein.

Obgleich die Menschen gemeinhin glauben, dass der Himmel eine separate und ewige Welt ist, ist auch er in Wirklichkeit eine der Regionen innerhalb der drei Ebenen und eine Welt, die nicht frei von Geburt und Tod ist. Obwohl es ein Ort ist, an dem man aufgrund des zuvor erworbenen Verdienstes Glück empfängt, fallen wir, wenn dieses Verdienst erschöpft ist, wiederum aufgrund des in der Vergangenheit erworbenen Karmas in eine der fünf anderen Regionen. Obwohl wir also von der Hölle, dem hungrigen Geist oder den Tierregionen direkt in den Himmel aufsteigen können, können wir auch direkt wieder in diese drei schlechten Regionen zurückfallen.

All dies wird „das Drehen des Rades von Samsara" durch die sechs Regionen der Existenz genannt.

Die Welt der Erleuchtung

Wenn wir schließlich erwachen, nachdem wir den Geist kultiviert haben, um frei von den Leiden von Geburt und Tod zu werden, wird das Meer des Leidens der sechs Regionen verschwinden. Die fühlenden Wesen denken, dass das Meer des Leidens der sechs Regionen in der Realität existiert, aber das ist falsch. Während wir träumen, nehmen wir die Traumwelt ebenfalls als real existierend wahr, aber im Moment des Erwachens aus dem Schlaf erkennen wir, dass sie eine Illusion ist. Genauso nehmen wir, wenn der Geist verblendet ist, fälschlicherweise an, dass das Meer der Illusion existiert, aber wenn wir zum Geist erwachen, verstehen wir klar, dass es illusorisch ist.

Die Augen des erleuchteten Menschen, der zur wahren Natur erwacht ist, die absolut unveränderlich ist, haben direkten Einblick in die große Wahrheit des Universums. Er hat die drei Zeitperioden von Vergangenheit, Gegenwart und Zukunft transzendiert; indem er sowohl Zeit als auch Raum transzendiert, wird er weder durch Sein noch Nicht-Sein behindert. Dies wird Befreiung genannt. Er sieht alle Phänomene im Universum durch die Große Vollkommene Spiegelweisheit, so wie ein Spiegel alles in der Schöpfung reflektiert. Er ist ohne Verunreinigung oder Anhaftung; er ist wie weiße Wolken über grünen Bergen oder fallender Regen auf dem blauen Meer. Indem er im Geist der Nicht-Handlung (wu-wei) verweilt, ist er dem Strom gefolgt und hat das Wunder erreicht: Er ist weit und grenzenlos. Dies ist der Mensch, der ohne jegliche Hindernisse ist. Alle Relativität ist hier beendet; Geburt spielt keine Rolle und Tod spielt keine Rolle. Jeder ist Vairocana Buddha und alles ist eine Vorratskammer an Blumen. Es gibt nichts, was nicht heilig ist. Ein Name für einen solchen Menschen ist „eine Person, die jenseits aller Dinge ist“.

Kategorien des Geistes

Es gibt die folgenden fünf Kategorien des Geistes: erstens, der illusorische Geist; zweitens, der Wahre Geist; drittens, der Geist des kleinen Fahrzeugs; viertens, der Geist des großen Fahrzeugs; und fünftens, der Geist des Höchsten Fahrzeugs.

Der illusorische Geist ist der Geist, der von der Umgebung beherrscht wird und dem Entstehen und Vergehen unterworfen ist.

Der Wahre Geist ist der Geist, der nicht von der Umgebung beherrscht wird; und da er der Geist ist, der vor dem Entstehen von Freude und Ärger, Kummer und Glück gegenwärtig ist, wird er auch der Unerschütterliche Geist oder der Ursprüngliche Geist genannt.

Der Geist des Kleinen Fahrzeugs ist der Geist, der, obwohl er erwacht ist, an die Leere gebunden ist; er sieht alle weltlichen Formen als illusorisch an und genießt selbstsüchtiges Vergnügen in der Sphäre der Leere. Es ist der Geist, der, nachdem er den Pfad praktiziert und alle bedingten Dharmas (Phänomene) zerstört hat, zuerst durch die Tür der Leerheit eintritt und in die Ruhe eintaucht. Obwohl er von bedingten Dharmas befreit ist, ist er immer noch an unbedingte Dharmas gebunden; und da es kaum einen Unterschied zwischen den Fehlern der Existenz oder der Nicht-Existenz gibt, ist er auch fehlerhaft.

Der Geist des Großen Fahrzeugs (der den Geist des Großen Mitgefühls und den Bodhisattva-Geist einschließt) tritt durch die Tür der Leerheit ein, macht einen Schritt vorwärts von der hundert Fuß hohen Stange und erkennt die Wahrheit, dass alle bedingten und unbedingten Dharmas nicht-dual sind. Wenn alle Dharmas von der Ebene der Erleuchtung aus betrachtet werden, unterscheiden sich weltliche und überweltliche Dharmas nicht, und der Buddha und die fühlenden Wesen sind nicht verschieden. Doch längst nicht alle fühlenden Wesen haben diese Wahrheit erkannt; gefesselt von den drei Giften der Gier, des Hasses und der Verblendung lassen sie alle Arten von perversen Ansichten entstehen und denken, dass die vierundachtzigtausend Arten von Verunreinigungen real sind. Der Geist des großen Mitgefühls hat Mitleid mit diesen fühlenden Wesen, die alle Arten von Karma erzeugen, und erklärt den Dharma (die Lehre), um sie zu retten. Der Bodhisattva-Geist ist der Geist, der die Leiden aller fühlenden Wesen auf sich nimmt und sie auf den Weg zur Erleuchtung führt. Dies wird der Geist des Großen Fahrzeugs genannt.

Der Geist des Höchsten Fahrzeugs wird zunächst durch die Furcht vor dem Leiden erweckt und erreicht schließlich die Sphäre des Nirwana. Er prüft alle Dharmas und erkennt, dass alle fühlenden Wesen im Grunde Buddhas sind und dass alle bedingten und unbedingten Dharmas nur wirklich sein können. So entspricht er der Essenziellen Natur, in der es keinen Erleuchteten gibt, der den Dharma erklärt, es gibt keine fühlenden Wesen, die dem Dharma zuhören, und das Erklären des Dharmas zur Rettung fühlender Wesen ist nur eine Fantasie der Buddhas und Patriarchen. Die Geburt ist dasselbe wie das Ungeborene; der Tod ist dasselbe wie das Todlose. Es gibt keine Existenz und doch gibt es Existenz; es gibt keine Nicht-Existenz und doch gibt es Nicht-Existenz. Existenz und Nicht-Existenz sind beide ohne Hindernisse. Er erkennt keinen Unterschied zwischen dem gewöhnlichen Menschen und dem vollendeten Menschen. Verblendung und Erleuchtung sind nicht-dual. Gut und Böse sind wurzellos. Die Saha-Welt und die Reinen Länder sind identisch. Samsara und Nirwana sind vollständig verschmolzen. Das Noumenale und das Phänomenale sind ununterscheidbar. Dies ist der Geist des Nirwana, der Geist der vollständigen Meisterschaft und Freiheit, der Geist der großen Befreiung.

Das Prinzip, dass materielle Dinge nicht ausgelöscht werden

Wenn erkannt wird, dass die Existenz und Nicht-Existenz aller Dharmas weder gleich noch verschieden ist, dann ist keine Unterscheidung zwischen Samsara und Nirwana möglich, und selbst materielle Dinge existieren ewig. Daher bezieht sich „Wirklicher Geist“ oder „Ursprüngliche Natur“ auf diese Nicht-Dualität von Illusion und Wirklichkeit. Die gesamte Erde ist der Körper des Vairocana Buddha.

Die Reichweite des „Ich“

Da fühlende Wesen und nicht-fühlende Dinge nicht von der wahren Natur getrennt sind, ist das Merkmal dieser Natur einfach „so“. Und weil diese Natur weder hinzugefügt noch weggenommen werden kann, gibt es weder mehr davon im vollendeten Menschen, noch weniger davon im gewöhnlichen Menschen. Diese Natur umfasst den grenzenlosen Raum; die Vollkommenheit, die durch das Erkennen dieser Natur erreicht wird, reinigt gleichzeitig die Welt der äußeren Objekte. Wenn die visuelle Sinnesbasis gereinigt ist, werden auch die fünf anderen Sinnesbasen (Ohr, Nase, Zunge, Körper und Geist) vollständig gereinigt. Dementsprechend werden auch die sechs Sinnessphären gereinigt. So wird die gesamte Welt zu einem reinen Garten des Glücks. Da der eigene Geist hell ist, ist auch der Geist der fühlenden Wesen hell; und da der Geist der fühlenden Wesen hell ist, sind auch alle fühlenden Wesen in der ganzen Welt hell. Daher ist diese Welt die Welt des Nirwana und alle fühlenden Wesen sind Buddhas.

> Wie können wir nach der großen Wahrheit des Universum suchen, wenn wir an der Oberfläche bleiben? Können wir auch nur für den kleinsten Moment von diesem lebendigen Geist getrennt sein? Auf einen umgedrehten Mondstab gestützt, lachen wir laut los.

Folglich ist der Buddha-Dharma kein intellektuelles Wissen. Es gibt einige Leute, die denken, dass der Buddhismus etwas ist, das viel Schriftstudium erfordert, um ihn zu verstehen; aber während viel Studium das gewöhnliche Wissen erweitern kann, wird, was die Wahrheit betrifft, eine große Lücke bleiben. Der Buddha betrachtete die Erleuchtung als das Herzstück seiner Befreiung.

Der Wert des „Ich“

Menschen, die sich in die Umwelt verstricken, nachdem sie ihr „Wahres Ich“ vergessen haben, werden aufgrund falscher Wahrnehmung von materiellen Dingen angezogen und verderben sich durch törichte Vergehen. Aber weil der erleuchtete Mensch nicht von materiellen Dingen angezogen wird, würde er, selbst wenn die Welt zu einem Haufen reinen Goldes würde, so unbeweglich wie der Berg Tai Shan bleiben und konsequent ein Leben der Genügsamkeit führen.

> Selbst wenn die Welt reines Gold wäre, wäre sie für mich nicht wertvoll. All die Heiligkeit der Weisen: Was kann ich damit anfangen? Der helle Mond, der auf den Chogye-Berg scheint, ist die Helligkeit meines Geistes.

Das wunderbare Funktionieren des Ichs

Da der erleuchtete Mensch, wie weiße Wolken über grünen Bergen, durch keinen Zustand gefesselt ist, gibt es kein Recht oder Unrecht in irgendeiner seiner Handlungen. Er fließt gemäß seinen karmischen Neigungen dahin wie ein blauer Strom in einem tiefen Tal, der sich ohne Hindernisse durch die Kurven und Geraden windet. Er ist wie ein leeres Boot auf dem Fluss, das mit dem Auf und Ab der Wellen dahintreibt. Er ist wie eine weiße Möwe auf einer Klippe, die frisst, wenn sie hungrig ist, und wenn die Sonne untergeht, nach Schilf sucht, in dem sie sich in vollkommener Freiheit ausruhen kann. Ich frage euch Männer der Welt: Wer ist es, der die Unterscheidung trifft?

> Die weißen Wolken und die grauen Störche schließen Freundschaft; sie antworten sanft auf den frischen Wind und den hellen Mond. Unbeeinflusst vom Lauf der Zeit. Ich bleibe hell und ruhig sitzen. Eine Schüssel Haferbrei, ein Teller mit Wildgemüse und eine Tasse Tee: Ich lächle.

Unser Ziel

Am Himmel scheinen die strahlende Sonne und der Mond gleichmäßig und unparteiisch über alle empfindungsfähigen und unempfindungsfähigen Dinge im gesamten Universum. Wie hoch ist der Nutzen, den Sonne und Mond gewähren? Jeder, der gefragt wird, würde antworten, dass sie unparteiisch sind und dass ihr Wert nicht zu ergründen ist. Wenn man mich jedoch fragt, ob Sonne und Mond unabhängig von meinem Geist existieren, würde ich antworten, dass sie auch innerhalb meines Geistes existieren. Da also sowohl der grenzenlose Raum als auch die Sonne und der Mond in meinem Geist existieren, möchte ich dich fragen, ob du ein großes Dharma-Gefäß werden kannst, das wie die Sonne und der Mond leuchtet und das wie der Raum alles umschließt? Ich muss betonen, dass ihr euren Geist erwecken müsst, wenn ihr ein solch großes Gefäß werden wollt.

Jeder hat einen Meister, der den Körper lenkt. Aber „Meister“ und seine anderen Bezeichnungen wie „Verstand“, „Geist“, „Seele“, „Urgesicht“ oder „Herz“ sind alles nur Namen; sie sind nur Etiketten ohne jede Beziehung zu der Wahren Essenz, die sie repräsentieren. Wenn man überlegt, welche Form diese Wahre Essenz abgesehen von diesen Bezeichnungen hat, da sie nicht mit dem physischen Auge gesehen oder mit den Händen gefühlt werden kann, fragen sich manche Menschen, ob sie nicht leerer Raum ist. Da sie ja nicht materiell ist und nicht gegriffen werden kann, müsste sie dann nicht leerer Raum sein? Aber kann der leere Raum zwischen Gut und Böse, zwischen Richtig und Falsch unterscheiden? Da der leere Raum eine anorganische Substanz ist, ist dies absolut unmöglich. Was ist also das Eine Ding, das lebendig und hell bewusst ist? Mit anderen Worten, wenn wir den Meister, der den Körper lenkt, von seinen Namen trennen, ist es nicht der Geist. Da er nicht erleuchtet ist, ist er kein Buddha.

Da er weder gegeben noch empfangen werden kann, ist er kein materielles Ding. Und da der leere Raum weder Gutes noch Schlechtes kennen kann, ist er kein leerer Raum. Schließlich entsteht ein Zweifel darüber, was dieses Ding letztendlich ist, das auf diese vier Arten verneint wurde. So entsteht das huatou oder kung-an (kor. hwadu, jap. wato) „Was ist es?“. Das hua-tou-Chan (allgemein bekannt als Rinzai-Zen) ist der Ansicht, dass, wenn ein großer Zweifel entsteht, ein großes Erwachen folgen muss.

In der Vergangenheit gab es einen Mönch namens Chao Chou, die Manifestation eines alten Buddhas. Eines Tages kam ein Mönch vorbei und fragte ihn, ob ein Hund die Buddha-Natur besäße oder nicht? Chao Chou antwortete: „Mu“ (Nein, nicht). Da der Buddha sagte, dass alle fühlenden Wesen die Buddha-Natur besitzen, muss man untersuchen, warum Chao Chou „Mu“ sagte. Chao Chous „Mu“ ist nicht das „Mu“ des Ja oder Nein. Es ist nicht das „Mu“ der wahren Nicht-Existenz. Warum hat er dann „Mu“ gesagt? Welchen Gedanken hatte Chao Chou, bevor er sich mit „Mu“ ausdrückte, der ihn dazu brachte, „Mu“ zu sagen?

Wenn wir zu diesem „Mu“ erwachen können, dann werden wir auch ein alter Buddha, genau wie Chao Chou. Die Vollkommenheit einer makellosen, vollständigen und makellosen Persönlichkeit, die auf diese Weise erwacht, ist das größte menschliche Glück. Und so werden wir zu einem Vorbild für Menschen und Götter.

Wähle die richtige Straße

Gibt es ein größeres Unglück als das eines Menschen, der keine sichere Zuflucht findet und völlig orientierungslos an einer Kreuzung steht? Wenn wir wissen, dass ein reiches Schatzhaus nicht weit entfernt ist, lasst uns das Leid der Not abwerfen und hingehen!

Wer möchte schon auf einem gefährlichen Weg durch eine riesige Wüste bleiben? Da bittere Härte und extremes Leid uns nicht angeboren sind, sollten wir sie ablegen!

Wenn fühlende Wesen das Böse kultivieren, wissen sie nicht, dass es böse ist; daher wird ihr schlechtes Karma umso tiefer, je mehr sie damit fortfahren. Obwohl fühlende Wesen in die schlechten Regionen fallen, sind sie weiterhin glücklich damit, wiedergeboren zu werden; daher wird nicht nur ihre Verabredung, die schlechten Regionen zu verlassen, immer weiter aufgeschoben, sondern sie sinken immer tiefer in diese Regionen.

Wenn Vipern, Tausendfüßler, Schlangen und andere verblendete Wesen wüssten, wie schlecht es um sie steht, wären sie froh zu sterben, und ihre Nachkommen würden verschwinden. Da aber jedes von ihnen auf seine Weise den Wunsch hat, am Leben zu bleiben, erschrecken sie, wenn sie auf Gefahren stoßen, und leisten entweder Widerstand oder laufen davon.

Schaut euch auch die unempfindlichen Dinge an. Selbst wenn man ein Unkraut ausreißt und beiseite wirft, wird eine Wurzel nach unten gehen und ein neuer Spross wird aufkommen. Wenn du einen Baum fällst und ihn stehen lässt, wird der Teil, der auf der Erde liegt, Wurzeln schlagen und aus dem oberen Teil wird ein Ableger wachsen. In dieser Verbundenheit mit dem Leben gibt es überhaupt keinen Unterschied zwischen Menschen und anderen Lebewesen. Das bedeutet keineswegs, dass der Nutzen des physischen Körpers außer Acht gelassen werden sollte, sondern vielmehr, dass Menschen, die fälschlicherweise den physischen Körper allein als „Ich" begreifen, ihren Sinn für den Wert des Menschen verloren haben. Inwiefern unterscheiden sie sich von allen anderen Tieren?

Nachdem wir über diesen Punkt nachgedacht haben, lasst uns den Weg wählen, auf dem wir zum „Wahren Ich" erwachen können; lasst uns die Wahrheit ergreifen, die vollständig im Wissen und vollständig im Potenzial ist, und ein „wahrer Mensch des Nicht-Handelns" werden. Danach lasst uns alle fühlenden Wesen in den zehn Richtungen retten und die Frucht des großen Dharma-Königs verwirklichen. Da wir fleißig sein müssen, um das Nirwana-ohne-Rückstände zu erreichen, lasst uns den richtigen Weg für die Menschen gehen.

Der Weg der Chan Meditation

> Diese Grabhügel in den grünen Bergen: Sind sie nicht mein Frühling? Ich frage: „Weißes Gebein! Wo ist der Meister?“ Einhundert Jahre Leben mögen lang erscheinen, aber es sind nicht mehr als drei oder vier Sekunden.

Ein ganzes Leben wird im Augenblick eines Atemzuges gelebt. Und da das Leben in der Zeitspanne eines Atemzuges existiert, wie könnte es da nicht unbeständig sein? Was ist das „Ich“? Gibt es etwas, dem wir vertrauen können?

Nachdem wir tief darüber nachgedacht haben, haben wir beschlossen, den Weg der Meditation zu gehen, um einen Zufluchtsort für den Geist zu finden. Wir sitzen mit dem Gesicht zur Wand und schauen in den Geist. Wenn wir aber erwarten, dass wir alle Verunreinigungen beseitigen können, während wir mit geschlossenen Augen und ohne hua-tou sitzen, wird nur endloses Denken entstehen. Wenn wir uns abmühen, dieses geistige Phantasieren zu beenden, wird es eher noch mehr aufgewühlt, wie Wellen auf der Meeresoberfläche, die vom Wind aufgepeitscht werden. Schließlich gerät es völlig außer Kontrolle. Deshalb müssen wir das hua-tou in unsere Aufmerksamkeit bringen und daran festhalten. Das hua-tou ist wie das kostbare Schwert des grünen Drachens, das alle 84.000 Verunreinigungen durchschlägt. Wir müssen denken: „Was ist das?“, was weder Geist,

Buddha, eine materielle Sache noch leerer Raum ist. Wenn wir auf diese Weise denken, müssen wir es so ernsthaft tun, als ob wir versuchen würden, ein Feuer zu löschen, das auf unserem Kopf brennt. Wir müssen es so tun, wie wir an Wasser denken, wenn wir durstig sind, wie ein Säugling an die Brust seiner Mutter denkt, wie ein sechzig- oder siebzigjähriger Mann sich darum sorgt, dass seine Abstammung nach drei Generationen von einzigen Söhnen unterbrochen wird, oder wie eine Katze, die versucht, eine Ratte zu fangen.

Betrachtet das Verhalten einer Katze, die am Fuße einer Steinmauer versucht, eine Ratte zu fangen. Während sie am Fuße einer Steinmauer entlangschleicht, behält sie das Loch im Auge, in das die Ratte eingedrungen ist. An einer Stelle, die weit vom Loch entfernt ist, versteckt sich die Katze lautlos und wartet mit stechenden Augen darauf, dass die Ratte herauskommt. Selbst wenn sich zu diesem Zeitpunkt ein Mensch, ein Huhn oder ein Hund der Katze nähert, nimmt sie keine Notiz davon und beobachtet weiterhin das Rattenloch. Wenn die Ratte auch nur für einen Augenblick auftaucht, springt sie wie ein Blitz auf und schnappt sich die Ratte.

Andererseits muss eine Ratte, die eine Korntruhe durchbohren will, um an den Reis zu gelangen, lange Zeit heimlich und unablässig daran nagen, bis die Korntruhe schließlich durchlöchert ist. Ähnlich verhält es sich, wenn wir über einen langen Zeitraum unermüdlich nachforschen: „Was ist das?“ Dann wird es nicht schwer sein, unsere Natur zu erkennen und die Buddhaschaft zu erlangen.

Menschen, die Meditation kultivieren, müssen mit Weisheit über den Ort des Geistes nachdenken. Wenn wir am hua-tou festhalten und der Zeitpunkt erreicht ist, an dem das hua-tou bis zu einem gewissen Punkt konzentriert ist, wird das hua-tou schwer und wir können es nicht mehr ablegen. Wenn wir uns dann auf unseren Sitz setzen, werden der Tag und die Nacht wie eine Sekunde vergehen. Der Körper wird leicht, als ob er im Raum schweben würde; wir werden nicht wissen, ob die Erde existiert oder nicht. Selbst wenn wir uns nicht bemühen, den Gedanken an das hua-tou aufrechtzuerhalten, wird das hua-tou zu dieser Zeit natürlich lebhaft aufsteigen. Selbst wenn wir versuchen, das hua-tou zu verwerfen, können wir es nicht; es bleibt vielmehr immer lebendig.

Söhne des Buddha, die praktizieren: Wenn die Zeit kommt, in der ihr nicht versucht, das hua-tou zu erheben, und es dennoch spontan erhoben wird, und ihr nicht versucht, das hua-tou zu betrachten, und es dennoch spontan gedacht wird, dann lasst euch diese Gelegenheit nicht entgehen. Der Körper wird bewegungslos wie die Räucherstäbchen vor einem Buddha-Bild. Der absorbierte Geist wird rein und klar wie frisches Wasser sein. Wenn er sich von den Millionen von weltlichen Belangen distanziert hat, wird es im Geist keine weltlichen Belange mehr geben, und in diesen Belangen wird es keinen Geist mehr geben.

Spontan werden wir allmählich in wunderbare Zustände eintreten und wie taub und stumm werden. Wenn die Meditationspraxis reift, werden karmische Gewohnheiten, die in der Vergangenheit entstanden sind, allmählich abgebaut; der Geist wird auf natürliche Weise leicht, glücklich und heller.

Nationallehrer Bojo lehrte, dass „Lebendigkeit (geistige Klarheit) und Ruhe gleichermaßen aufrechterhalten werden müssen“, bis ihm der Mund vom Wiederholen weh tat. Die Meditationspraxis ist korrekt, wenn sowohl Lebendigkeit als auch Ruhe vorhanden sind, d. h. das hua-tou, das wir erwecken, sollte innerlich lebendig sein und Ruhe in der Umgebung erzeugen. Die Praxis ist falsch, wenn das geistige Phantasieren lebendig ist, d. h., das hua-tou entweicht, wohin, wissen wir nicht, und nur die wandernden Gedanken sind lebendig. Die Ruhe der geistigen Dumpfheit ist falsch, d. h., wenn die äußere Umgebung zwar ruhig ist, aber innerlich kein hua-tou, sondern nur Dumpfheit herrscht.

Die Praxis ist nur dann korrekt, wenn sowohl Ruhe als auch Lebendigkeit herrschen, d. h. wenn in der äußeren Umgebung Ruhe herrscht und wenn das hua-tou im Inneren lebendig ist.

Welche Geisteshaltungen müssen entwickelt werden, wenn wir authentisch praktizieren wollen?

Die drei Arten der mentalen Auflösung

Der Geist des großen Zorns
Der Geist der großen Tapferkeit
Der Geist des großen Zweifels

Zuerst muss der Geist des Großen Zorns erzeugt werden. Alle Buddhas der drei Zeitepochen, die Patriarchen und Lehrer im Laufe der Geschichte und die wohlgebildeten Berater dieser Generation haben durch verschiedene Münder erklärt, dass alle fühlenden Wesen ursprünglich Buddhas sind. Wir müssen für uns selbst prüfen, ob wir die Buddhaschaft bereits verwirklicht haben oder nicht. Wenn wir es nicht getan haben, wer hat uns dann daran gehindert? Und weiter, wer hat uns in diese Welt der fühlenden Wesen geführt und uns hier zurückgelassen? Wir müssen also versuchen, darüber nachzudenken, was der Grund dafür ist, dass wir noch nicht zu Buddhas geworden sind. Ehrlich gesagt liegt der Grund darin, dass wir nicht auf die Worte der Vollendeten und Würdigen gehört haben, die vor uns erleuchtet wurden, und darauf beharrt haben, viele Arten von Übel zu tun. Und indem wir uns daran gewöhnt haben, Karma nur innerhalb des sich drehenden Rades von Geburt und Tod zu schaffen, haben wir uns immer weiter vom Bereich der Vollendeten und Würdigen und der Sphäre des Nirwana entfernt, bis die Welt der verblendeten Wesen und die schlechten Regionen ausschließlich unsere Welt geworden sind. Es ist unmöglich, dass wir den unermesslichen Schmerz genießen können, das Leiden, das im Meer des Leidens ertrinkt. Deshalb müssen wir uns zuerst selbst Vorwürfe machen und Reue empfinden.

Gibt es noch jemanden, der an unserer Stelle die Verantwortung für die Härten des Lebens übernehmen kann, die naturgemäß das Ergebnis unserer früheren Handlungen sind? Nicht einmal durch Selbstmord können wir uns dieser Verantwortung entziehen. Auch wenn wir immer wieder mit Schwierigkeiten konfrontiert werden, müssen wir den lodernden Verunreinigungen und geistigen Phantasien ein endgültiges Ende setzen. Folglich strömt dieser Geist des großen Zorns aus.

Zweitens müssen wir den Geist der großen Tapferkeit entwickeln. Obwohl wir versuchen, die Vergnügungen zu genießen, die wir in der Saha-Welt erhalten, werden wir augenblicklich von diesen vorübergehenden Vergnügungen getäuscht; sie sind kein vollständiges, vollkommenes und wahres Glück. Die Vergnügungen dieser Welt sind die Vergnügungen der folgenden fünf Arten von Begierden.

Die erste ist das Streben nach Reichtum. Die Anhäufung von Reichtum ist die Quelle des Unglücks für uns selbst, der Ruin für uns selbst, und letztlich kann er nur der Feind von uns selbst sein. Für den Armen, der ihn nicht hat, ist Reichtum Leiden; und für den Reichen, der ihn hat, verursacht Reichtum ebenfalls Leiden. Er ist die Wurzel für die Entstehung vieler Arten von schlechtem Karma für Menschen, die mit ihrer Position nicht zufrieden sein können. An einem warmen Ort mit einem vollen Bauch wird nur Faulheit wachsen; daher ist Reichtum die Ursache für unsere fortschreitende Entfremdung vom Pfad.

Das zweite ist das Verlangen nach Sex. Selbst wenn Männer und Frauen jeweils Dutzende von Liebhabern hätten, würden sie nie des Sexes überdrüssig werden, wie können wir uns bei einem solchen Grad der Bindung von Tieren unterscheiden? Es ist nicht das erste Mal, dass sexuelles Verlangen die unglückliche Ursache für Selbstmord oder Mord war. In jüngster Zeit ist die üble Praxis der Abtreibungsoperationen populär geworden und wird nun allgemein akzeptiert, als ob es völlig normal wäre, ein Kind zu töten, das sich noch im Mutterleib befindet. Aber wer wird die Verantwortung für dieses Verbrechen übernehmen? Wir sind uns des natürlichen Prinzips nicht bewusst, dass, wenn wir andere töten, sie uns töten werden. Ist es also nicht letztlich das sexuelle Verlangen zwischen Männern und Frauen, das zu einer solch unbarmherzigen Tat führen kann, die schließlich in Mord mündet? In der Tierwelt findet die Kopulation nur zur Paarungszeit statt, und nicht außerhalb dieser festen Zeit. Für den Menschen, den höchsten Geist der Schöpfung, kann der Geschlechtsverkehr als Vergnügen nur eine schändliche Handlung sein. Und nicht nur das, sondern die Paarung einer Frau mit einem Mann ist der erste Schritt zur Bildung einer Gesellschaft. Gute Männer und Frauen können nicht umhin, dies zu bedenken, damit die Gründung reiner Familien und einer Gesellschaft, die auf moralischen Prinzipien beruht, erreicht wird. Außerdem müssen wir Söhne des Buddha, die wir unseren Geist kultivieren, um den Pfad zu erreichen, erkennen, dass wir ein Beispiel für andere fühlende Wesen sind (und sollten daher in unseren sexuellen Beziehungen angemessene Zurückhaltung üben).

Das dritte Verlangen ist das Streben nach Ruhm und Ansehen. Wie viele Menschen in der Welt, ob im Osten oder im Westen, in der Vergangenheit oder in der Gegenwart, haben wegen ihrer Liebe zum Ruhm ihre Familie zerstört, ihr Leben verloren und sind in den Ruin gestürzt? Die Ehre und der Ruhm auf einem Blatt Papier unterscheiden sich nicht von Blasen, die auf der Wasseroberfläche schwimmen. Menschen, die nach Ruhm und Profit streben, können nicht anders als völlig verwirrt sein. Seit alten Zeiten haben große Männer immer ihre Fußspuren verborgen, sind vor dem Ruhm geflohen, haben in Armut gelebt und den Weg genossen. Wir müssen erkennen, dass der Morgentau und die Abendwolken nicht ewig andauern können.

Das vierte Verlangen ist das nach Nahrung. Selbst wenn wir die seltensten Köstlichkeiten essen, können wir nur so viel essen, wie in uns hineinpasst. Unabhängig davon, wie viel wir gegessen haben: Wenn wir satt sind, ekelt uns sogar der Anblick dieser Köstlichkeiten. Doch wenn wir hungrig sind, schmeckt sogar in Salat eingewickelter Reis mit einem Löffel Miso besser als Honig. Auch wenn wir versuchen, uns zu versichern, dass wir immer schöne Kleidung und gutes Essen haben werden, ist das so, als würden wir versuchen, zu versichern, dass die Jadeblätter an den goldenen Zweigen bleiben werden. Die Vergänglichkeit ist schnell: Wir werden all dies nicht ewig behalten können.

Das fünfte Verlangen ist der Wunsch nach Schlaf. Es gibt sogar ein Anhaften an den Schlaf. Der Schlaf ist der kleine Traum, und der Tod ist der große Traum. Der Schlaf ist ein teilweiser Tod, und der Tod ist der vollständige Tod. Aber der Geist ist der Todlose. Weil der Geist nicht schläft, konstruiert er folglich die illusorische Traumwelt, in der er viele Arten von Aktivitäten ausführt. Wenn der Geist zurückkommt, sagt man, dass das Aufwachen stattgefunden hat. Da der Schlaf den Geist in die Welt der Dunkelheit und Verblendung zieht, sagen die Kultivierenden des Pfades: „Eine Nacht Schlaf, und wir sind für drei Leben verblendet.“ Daher kann der Schlaf nur die bösartige Gewohnheit sein, die den Geist in die Welt der Täuschung und der Träume lockt.

Das Glück, das durch diese fünf Wünsche entsteht, resultiert aus der falschen Wahrnehmung von illusorischen Formen und ist die Ursache für weitere unheilsame Handlungen. Da wir innerhalb dieses illusorischen Traums andere Illusionen auf zwei oder drei verschiedenen Ebenen entwickeln, würden wir sterben, wenn der Geist und der physische Körper getrennt würden. Ob wir ihn dann verbrennen oder begraben, der physische Körper würde ohne Empfindung bleiben. Wenn wir darüber nachdenken, gehören dann nicht Reichtum, Ehre, Ruhm, hohe Ämter und Adel, Mutter, Vater, Kinder, Feinde, Freunde, Wohltäter und Geliebte alle zu demselben illusorischen Traum? Den Reichtum und die Ehre des Königtums aufzugeben, als würde man Unkraut jäten, ist eben große Tapferkeit.

Drittens müssen wir den Geist des großen Zweifels hervorbringen. Wenn die Buddhas der drei Zeitperioden, die Patriarchen und alle wohlgebildeten Berater dieser Generation für die Erlösung aller fühlenden Wesen arbeiten, weisen sie direkt auf den Geist dieser Wesen hin und erläutern unmittelbar den Dharma, damit diese Wesen ihre Natur erkennen und die Buddhaschaft verwirklichen. Wessen Schuld ist es, dass wir Zuhörer, die wir uns haben täuschen lassen, nicht zu unserem Geist erwacht sind? Folglich können wir nicht anders, als an den kung-an und den aufrichtigen Worten Buddhas zu zweifeln. Tausende von Sutras und Zehntausende von Sastras lehren alle über die Natur; selbst ein einziges Wort oder eine Hälfte eines Satzes lehrt nichts anderes. Warum also können wir ihn nicht verwirklichen? Obwohl Chao Chous „Mu“, „Die Zypresse vor dem Garten“, „Der trockene Scheißstock“, „Alle Dharmas kehren zum Einen zurück“ und andere kung-an alle direkte Anweisungen sind, wie kommt es, dass wir noch nicht erwacht sind?

Die Antwort ist, dass wir seit unzähligen kalpa (Zeitaltern) bis heute die sechs Sinnesgrundlagen (Auge, Ohr, Nase, Zunge, Körper und Bewusstsein) als „Ich“ und die sechs Räuber (Form, Klang, Geruch, Geschmack, taktile Objekte und geistige Phänomene) als Objekte unserer Aktivitäten betrachtet haben. Wir halten uns an dieser Situation fest und betrachten die drei Gifte (Gier, Hass und Verblendung) als unser Vermögen. Die latenten Tendenzen werden zur zweiten Natur. An der Kontaktstelle (zwischen den Sinnesorganen und ihren Objekten) leben wir ein Leben, das vollständig vom Wechsel (Umkehrungen, „Inversions“) beherrscht wird. Folglich findet das Meer des Leidens in den sechs Regionen niemals ein Ende. Wir haben Ohren, aber es ist, als ob wir taub wären; denn obwohl wir den aufrichtigen Worten der Buddhas und Patriarchen zuhören, hören wir sie nicht. Wir haben Augen, aber es ist, als ob wir blind wären, denn obwohl wir die heilige Praxis des Mitgefühls beobachten, sehen wir sie nicht. Das ist es, was man die Welt der fühlenden Wesen nennt. Wessen Schuld ist es also, dass wir in die schlechten Regionen fallen? Wir haben uns selbst gefesselt und gebunden;

und da uns niemand sonst von unserer Fessel befreien kann, müssen wir uns kultivieren.

> Wir lieben den Ruhm und kennen keine Grenzen in unserem Streben danach. Gierig nach Gold, betrügen wir sogar unser eigenes Gewissen. Geblendet vom Licht des Feuers, sterben alle Tigermotten.

Wollen wir von den drei bösen Regionen befreit werden, können wir nicht anders, als nach dem „Wahren Ich" zu suchen. Wenn wir dies tun, gibt es keinen besseren Weg, als das kung-an zu erforschen. Da wir das kung-an nicht verstehen können, müssen wir, wenn wir seine Bedeutung erkennen wollen, einen Zweifel erwecken.

Unter einem großen Zweifel muss es ein großes Erwachen geben; aber keinen Zweifel zu haben, während man versucht, das hua-tou zu verstehen, ist ein großer Fehler. Wenn wir zur wahren Natur erwachen wollen, sollten wir nicht außerhalb von uns selbst suchen. Und warum? Weil wir uns, wenn wir dieser Natur außerhalb von uns nachjagen, nur immer weiter von ihr entfernen, so als ob wir nach Osten gehen wollten, aber schließlich nach Westen gehen. Die Alten sagten: „Wenn ein Mensch einen Klumpen nach einem Löwen wirft, wird der Löwe ihn angreifen; wirft er ihn aber nach einem Hund, wird der Hund dem Klumpen hinterherjagen." Deshalb müssen Menschen, die beschlossen haben, „Mu" zu kultivieren, es vor sich her tragen und versuchen, intuitiv zu verstehen, wie Chao Chou auf die Idee gekommen ist, „Mu“ zu sagen. Dieses „Mu“ ist nicht das „Mu“ des Ja oder Nein. Es ist nicht das „Mu“ der wahren Nicht-Existenz. Welchen Gedanken hatte Chao Chou, bevor er sich mit „Mu“ ausdrückte, der ihn zu diesem Ausdruck veranlasste?

Du musst diesen Gedanken erforschen. In allen vier Haltungen, im Gehen, Stehen, Sitzen und Liegen, im Sprechen und im Schweigen, in der Aktivität und in der Stille muss die Zweifel-Masse von selbst klar erscheinen. Wenn der Zweifel während aller Aktivitäten ungetrübt bleibt, wird die Praxis auf natürliche Weise heranreifen. Zu diesem Zeitpunkt wird das geistige Phantasieren auf natürliche Weise beseitigt, obwohl wir nicht versuchen, es abzuschneiden; und obwohl wir nicht versuchen, auf Bodhi, die Erleuchtung, zuzusteuern, schreiten wir auf natürliche Weise voran und erreichen es. Von da an können wir den seltenen Geschmack des hua-tou genießen. Wenn wir auf diese Weise praktizieren, wird es nicht schwer sein, einen gewöhnlichen Menschen in einen vollendeten zu verwandeln.

Zum Zeitpunkt unseres endgültigen Entschlusses verzichten wir auf den Schlaf und vergessen die Mahlzeiten. Selbst wenn wir schlafen wollen, können wir es nicht, denn es ist, als stünden wir all den Feinden gegenüber, die wir uns in zehntausend Jahren gemacht haben. Wir können nicht nach links, nicht nach rechts, nicht vorwärts und nicht rückwärts gehen; und schließlich, wenn es keinen Ort mehr gibt, um den Körper zu erhalten, haben wir keine Angst, in die Leere zu fallen. Zu einem solchen Zeitpunkt sind wir dem Großen Erwachen nahe.

Dieser Körper muss wie ein Stein werden, der an den Straßenrand gerollt ist. Selbst wenn ein Stein am Straßenrand von der Sonne verbrannt wird, bleibt er unberührt; wenn er vom Regen durchnässt wird, bleibt er unberührt; wenn auf ihm ausgeschieden wird, bleibt er unberührt; bei Kälte und Hitze bleibt er unberührt; wenn Blumen auf ihm erblühen, bleibt er unberührt; bei einer frischen Brise bleibt er unberührt; ob Vögel über ihn fliegen oder Tiere auf ihn treten, er bleibt unberührt.

Obwohl das lebendige und doch stille Licht des Geistes strahlend leuchtet, sollten wir unter keinem Vorwand intellektuelle Überlegungen anstellen oder Meinungen wie „Ich weiß“ oder „Ich bin erleuchtet“ vertreten. Wenn wir solche Meinungen aufkommen lassen, während wir weder das hua-tou durchdrungen haben noch zur Wahren Natur erwacht sind, werden wir in den Palast der Verblendung fallen. Zu diesem Zeitpunkt müssen wir den Geist der großen Tapferkeit entwickeln. Da der subtile Strom der Verunreinigungen noch nicht erschöpft ist, müssen wir ihn genauestens untersuchen.

Weil dieser zarte, sanfte Strom der geistigen Phantasien noch vorhanden ist, müssen wir immer grimmiger werden. Wie eine Ratte, die versucht, sich in das Horn einer Kuh zu graben, muss der angehende Schüler in seinem anfänglichen Studium des hua-tou unaufhörlich und ohne Unterbrechung vorwärts drängen und erforschen, wie die Idee entstand, dass Chao Chou „Mu“ sagt. Plötzlich wird es ein Ineinandergreifen geben, als ob die oberen und unteren Teile eines Mühlsteins genau ineinandergreifen. Der Weg der Worte und der Sprache ist abgeschnitten. Die unterscheidenden Aktivitäten des Geistes werden ausgelöscht.
Zweifelsohne ist das Lackfass gebrochen. Das Natürliche und Wahre Gesicht ist enthüllt. Wir begreifen und besiegen Chao Chou und lassen uns nicht mehr von den Zungenspitzen der wohlgebildeten Berater dieser Welt täuschen. Mit einem Blick sehen wir klar die Buddhas und die Patriarchen und verstehen die vierundachtzigtausend Bände des Tripitaka.

Zu dieser Zeit müssen wir erleuchtete Meister aufsuchen, um unsere Errungenschaften zu vervollkommnen. In diesem Moment beschreiten wir zu Recht den Weg, der zu der von wahren Menschen ausgeübten Praxis hinaufführt. Versteht ihr das?

> Selbst wenn die ganze Welt reines Gold wäre, wäre sie nicht wertvoll. Auch wenn die Vollendeten und Würdigen geehrt und respektiert werden, sind sie nicht vertraut mit mir. Der ganze

Himmel und die gesamte Erde füllen meine Augen, doch ich sehe nirgendwo einen einzigen Grashalm. Der Mond auf dem Berg Chogye leuchtet feige. Flüsse und Berge sind meine ursprüngliche Heimat, Blumen und Gräser duften allesamt wunderbar. Bequem in einem leeren Boot hockend, folge ich den Kurven und Geraden der Strömung. Alle Orte, die ich aufsuche, sind von meinem Licht erfüllt.

Die Raffinerie des Menschen

Wir haben gesehen, dass es für einen gewöhnlichen Menschen möglich ist, den Geist zu kultivieren, zur Wahren Natur zu erwachen und die Buddhaschaft zu erlangen; dennoch ist dies keine einfache Sache. Wir, die wir noch von der Unwissenheit gefesselt sind, mögen nur den physischen Körper als „Ich" betrachten und unseren Geist und unsere Seele vergessen und schließlich unser „Ich" verlieren; aber wie unterscheiden sich jene Menschen, die nicht einmal wissen, dass sie ihr „Ich" verloren haben, von Tieren? Auch wenn ein solcher Mensch eine menschliche Gestalt hat, ist er in Wirklichkeit nur ein Halbmensch, denn sein Menschsein ist nicht entwickelt. Hat der Mensch nicht den größten Wert von allen zehntausend Dingen zwischen Himmel und Erde? Ist es daher nicht bedauerlich, dass wir uns zwar als „Ich" bezeichnen, aber dennoch ein Leben in Sklaverei führen – gefesselt von der Religion und ohne Freiheit? Wie erbärmlich! Wenn wir das „Wahre Ich" ver-

gessen haben, träumen wir nicht nur im Schlaf, sondern selbst mit offenen Augen ist alles, was wir tun, ein Traum. Genau aus diesem Grund haben die Erleuchteten Mitleid mit den fühlenden Wesen.
Ist es nicht äußerst bedauerlich, dass wir zur Geburt kommen müssen und nicht wissen, wohin wir kommen, und zum Tod gehen müssen und nicht wissen, wohin wir gehen? Obwohl es im Grunde keine Geburt gibt, zu der man kommt, und keinen Tod, zu dem man geht, wieso müssen wir selbst noch den Schmerz von Geburt und Tod erleiden? Wo liegt der Fehler? Es liegt ganz einfach daran, dass wir das illusorische „Ich“ falsch wahrgenommen haben und daher von konditionierten Dharmas (Phänomenen) gefesselt sind; innerhalb dieser scheinbaren, aber unwirklichen Wahrnehmungstrübung können wir uns nicht aus unserer Verblödung befreien.

Wenn wir unerwartet auf unvorhergesehene Ereignisse stoßen, obwohl wir wissen, dass es sich um illusorische Träume handelt, können wir nicht die Entschlossenheit entwickeln, die sie mit einem Schwertstreich durchschneiden kann. Dies ist ein unvermeidlicher Aspekt dieser Welt der fühlenden Wesen. Das ist es, was man „den Hanf tragen und das Gold wegwerfen“ nennt.

Diese Fehlwahrnehmung wird durch das Gleichnis von der Seilschlange veranschaulicht. Als ein Mann nachts allein spazieren ging, sah er mitten auf der Straße eine Schlange; er erschrak so sehr, dass er blass wurde. Bei genauerer Betrachtung stellte er jedoch fest, dass es sich nur um ein Seil handelte, und bei noch näherer Betrachtung sah er, dass es aus Hanf bestand. Hätte er auch den Hanf genau untersucht, hätte er festgestellt, dass es nicht wirklich Hanf war. Der Mann, der zu der Tatsache erwacht, dass das Seil nichtig ist, würde auch zu der Tatsache erwachen, dass alle Angelegenheiten dieser Welt nur ein illusorischer Traum sind; seine Entschlossenheit wäre geweckt und er würde nach einem Weg suchen, den Pfad zu praktizieren. Nachdem einer den Pfad gemäß seinen individuellen Fähigkeiten kultiviert hat und zum „Wahren Ich" erwacht ist, wird er erkennen, dass er schon immer im Besitz eines seltenen Schatzes war. Deshalb sagte der Buddha, dass er alle fühlenden Wesen universell untersucht und gesehen habe, dass sie alle von Anfang an mit der Weisheit und Tugend des Tathagata (Buddha) ausgestattet waren. Da jeder, unabhängig davon, wer er ist, damit ausgestattet ist: Was ist der Grund dafür, dass wir noch nicht in der Lage waren, die Buddhaschaft zu erreichen? Wir haben es einfach deshalb nicht geschafft, weil wir es nicht versucht haben; aber jeder, der es versucht, wird es schaffen. Deshalb sind Praxiszentren wie Klöster und Meditationszentren die Raffinerien des Menschen. Sie sind Schmelzöfen, die durch die Läuterung des einfachen Menschen Vollkommene hervorbringen.

Um es mit einem Gleichnis zu sagen: Weil Gold in der Welt hoch geschätzt wird, scheuen die Menschen keine Kosten, um es zu finden. Reines Gold wird auf die folgende Weise gewonnen. Nach dem Abbau des Erzes wird es in einem Schmelzofen geschmolzen; erst dann können wir das reine Gold von den anderen Bestandteilen trennen. Wenn wir einen solchen Prozess nicht durchlaufen, dann ist es natürlich kein wahres Gold. In ähnlicher Weise ist die ursprüngliche Buddha-Natur zwar jedem von uns angeboren, aber wenn wir nicht den Prozess der Kultivierung des Pfades durchlaufen, ist es unmöglich, dass wir in der Lage sind, unsere Selbst-Natur – das „Wahre Ich" – zu entdecken. So heißt es im Sutra der vollständigen Erleuchtung: „Wie beim Schmelzen von Golderz existiert das Gold nicht, weil wir das Golderz schmelzen. Sobald die Substanz des wahren Goldes aus dem Erz gewonnen ist, kann es nicht wieder zu Erz werden."

Obwohl also alle fühlenden Wesen ursprünglich die Buddha-Natur besitzen, die die große Wahrheit des Universums ist, ist es unmöglich, einen gewöhnlichen Menschen in einen vollendeten Menschen zu verwandeln, wenn er sich nicht bemüht, durch Übung zu dieser Natur zu erwachen. Dennoch können wir, sobald wir die Frucht der Buddha-schaft verwirklicht haben, nicht wieder zu (gewöhnlichen) fühlenden Wesen werden.

Erz schmelzen, um reines Gold zu gewinnen: Dies wird in einem Schmelzofen gemacht. Wir müssen den Geist hundert Mal im Schmelzofen von Samadhi (Versenkung) verfeinern. Bleibt nicht im Dunkeln gegenüber der Weisheit der vollständigen Erleuchtung!

Große Erleuchtung ist keine Erleuchtung

Wenn ein gewöhnlicher Mensch mit der Praxis der Meditation beginnt, mag er das Gefühl haben, dass es Dinge zu praktizieren und Dinge zu verwirklichen gibt. Aber wenn er eine große Erleuchtung haben sollte, würde er verstehen, dass es nichts zu praktizieren und nichts zu verwirklichen gibt. Das liegt daran, dass nichts die Wahrheit beeinflusst. Obwohl es weder mehr von der Wahren Natur im Vollendeten noch weniger davon im gewöhnlichen Menschen gibt, ist derjenige, der nicht zur Selbst-Natur erwacht ist, ein gewöhnlicher Mensch, und derjenige, der zu ihr erwacht ist, ein großer Vollendeter. Obwohl diese Natur weder tief noch seicht ist, wird er, wenn die Erleuchtung aufgrund allmählicher Praxis und allmählichen Erwachens seicht ist, ein Weiser genannt; wenn es aufgrund plötzlicher Praxis und plötzlichen Erwachens ein durchdringendes Verständnis gibt, wird er ein Großer Vollendeter genannt. Obwohl der Dharma ohne mehr-oder-weniger ist, kann ein Mensch, je nach seiner Praxis und Verwirklichung, mit nur wenig zufrieden sein. Wenn er dann sagt, dass das Gesetz von Ursache und Wirkung für ihn nichtig ist, und sich hemmungslos sinnlichen Aktivitäten hingibt, wird er, wenn er kurz vor dem Tod steht, die Wahre Natur vergessen, und der Weg, der vor ihm liegt, wird vage und unsicher sein. Je nach seinen Handlungen würde er eine Wiedergeburt erhalten und möglicherweise in die bösen Regionen fallen, wo er alle Arten von Leiden erfahren würde.

Dies ist das Ergebnis der trockenen Weisheit. Wessen Schuld ist es, dass er Geburt und Tod nicht vermieden hat? Menschen, die den Pfad kultivieren, können in diesem Punkt nur vorsichtig sein.

Die Art von Person, die oben beschrieben wird, ist eine Person mit flachen Wurzeln und einem kleinen Dharma-Gefäß; denn obwohl er das Glück hat, Meistern zu begegnen, sein Glaube nach dem Hören des Dharma geweckt wird und er fleißig Konzentration und Weisheit kultiviert, sagt er bei seinem ersten Eintritt durch die Tür der Leerheit (空門): „Ich habe den Höchsten Pfad erlangt“, als ob er verrückt oder betrunken wäre, und handelt fälschlicherweise so, als ob er ohne Hindernisse wäre. Wie könnte er da nicht einen großen Fehler begehen?

Ein Mann mit tiefen Wurzeln und großer Weisheit ist anders. Sobald er ein kung-an hört, festigt er seinen Geist wie einen Berg und beruhigt seinen Geist wie das Meer. Er behält nur das hwadu vor sich, als ob er taub oder stumm wäre. Da er noch nicht in der Lage ist, die wiederholten Anweisungen der Buddhas und Patriarchen zu verstehen, kann er nicht anders, als zu zweifeln. Ständig zweifelt er und forscht, als wolle er seinen brennenden Kopf retten. Plötzlich schreit er eines Morgens „Ha!“, und Himmel und Erde werden umgestoßen. Er betritt einen Ort unergründlich für andere; und nach einem Lachen allein, lächelt er nur. Wenn er diese Stufe erreicht hat, kann er den Geschmack der aufrichtigen Worte des Buddha und der Patriarchen ohne ein Jota Unterschied für sich selbst schmecken. Reiner Glaube ist etabliert und er fährt fort, die Tiefe seiner Praxis zu untersuchen. Er spornt sich selbst zum Fortschritt an und setzt seine ganze Kraft ein. Er denkt nicht an die Entfernungen, die es bedeutet, nach Osten oder Westen zu gehen, um Meister zu treffen. Er poliert sich selbst von richtigen und falschen Ansichten und kann leicht die richtige Ansicht erlangen. Wenn er jedoch stolz und arrogant die Ergebnisse seiner Praxis verbirgt und die Ergebnisse seiner Errungenschaften nicht einem Meister offenbart, wird er schließlich in falsche Ansichten verfallen, wo Reue nutzlos ist.

Deshalb heißt es im Plattform-Sutra des Sechsten Patriarchen: „Als der Chan-Meister Nan Yueh Huai Jang zum Sechsten Patriarchen ging, fragte der Patriarch: ‚Was ist auf diese Weise gekommen?‘ Der Meister antwortete: ‚Auch wenn du sagst, dass es eine Sache ist, trifft es nicht den Kern.‘ Der Patriarch fragte: ‚Konntest du es praktizieren und verwirklichen oder nicht?‘ Er antwortete: ‚Obwohl Praxis und Verwirklichung nicht fehlen, sind Unreinheiten (d. h. Anhaftung an meine Leistung) nicht vorhanden.‘ Der Patriarch sagte: ‚Diese Abwesenheit von Unreinheiten ist das, was alle Buddhas bewahren. Du bist so; ich bin auch so.‘

Wir sehen also, dass wir nach der Erleuchtung nicht darauf verzichten können, nach einem Meister zu suchen, der unsere Errungenschaft poliert. Wenn wir einmal in die Natur des Geistes eingedrungen sind, sehen wir, dass er ursprünglich nicht-dual ist. Gewöhnliche Menschen und die Vollendeten sind nicht-dual; Verblendung und Erleuchtung sind nicht-dual; und männlich und weiblich, alt und jung, Geburt und Tod, fern und nah, hoch und niedrig, gut und schlecht, richtig und falsch, und Empfindung und Nicht-Empfindung sind alle nicht-dual. Wenn also ein Mensch die Wahrheit erkennt und zur Quelle zurückkehrt, wird die ganze Welt zum reinen Dharma-Kaya des Vairocana Buddha.

Die große Erleuchtung ist also die Erkenntnis, dass es nichts gibt, zu dem man erwachen muss. (Nichtsdestotrotz gibt es für fühlende Wesen immer noch Verblendung, trotz der Tatsache, dass es nichts gibt, wovon sie verblendet werden können).

Dies wird das „Reine Dhyana des Tathagata“ genannt, und es wird auch die Integrative Naturweisheit genannt. Was oben gesagt wurde, ist das, was von der Ursprünglichen Natur beobachtet wird, wenn der Geist im nicht-diskriminierenden Samadhi versunken ist.

Im Blumengirlanden-Sutra heißt es: „Diese drei Dinge – Geist, Buddha und fühlende Wesen – sind ohne Unterschied.“ (Das Subjekt) entsteht und doch gibt es kein Entstehen: deshalb sind alle Dharma-Bereiche der Reine (Dharma)-Körper. (Das Objekt) ist vernichtet und doch gibt es keine Vernichtung; daher ist der gesamte Raum die wahre ursprüngliche Natur. Es gibt Existenz und doch existiert sie nicht; es gibt Nicht-Existenz und doch existiert sie nicht. Da die Funktion aus der Essenz hervorgeht, gibt es eine Geburt, ohne geboren zu werden. Wenn die Funktion absorbiert wird, kehrt sie zur Essenz zurück. Deshalb gibt es den Tod, ohne zu sterben. Da der Geist von sich aus leer, hell und leuchtend ist, ist er die Existenz der Nicht-Existenz. Da sein wundersames Funktionieren keine Hindernisse hat, ist er die Nicht-Existenz der Existenz (wörtlich: nicht nicht-existent). Wie ist also die ursprüngliche Natur beschaffen? Da sie ursprünglich „so“ ist, ohne Aktivität oder Ruhe, hat sie keine Existenz in Zeit oder Raum. Dies wird die Weisheit der wunderbaren Beobachtung genannt.

Unterscheidungsfähige Weisheit

Im Gegensatz zu der oben erwähnten Weisheit der wunderbaren Beobachtung sind die Unterscheidungen aller Dinge der Schöpfung in ihre individuellen Gestalten, Formen und Eigenschaften klar, wenn wir mit unterscheidungsfähiger Weisheit untersuchen.

Verstehen ist die Essenz der Weisheit und Weisheit ist das Funktionieren des Verstehens. Um es mit einem Gleichnis zu sagen: Verstehen ist die Substanz der weißen Jade und Weisheit ist der Glanz der weißen Jade. Ungeschliffene Jade ist zwar wertvoll, aber wenn wir die Oberfläche des Steins so polieren, dass er keine Fehler aufweist, kommt die reine Essenz der Jade zum Vorschein und die Ausstrahlung ihres Lichts ist beeindruckend. Die essentielle Natur ist genau die gleiche. Wenn die Wahre Natur nicht kultiviert wird, nennt man uns gewöhnliche Menschen. Wenn die Selbst-Natur klar durchdrungen ist, werden wir Vollendete und Würdige genannt. Da ein Vollendeter ein Mensch mit einem hellen Geist ist, gibt es, wenn er die ganze Welt mit dem Auge der Weisheit untersucht, nichts von seinem Sehen, Hören, Fühlen und Wissen, das nicht durch die Wahre Natur erfahren wird; und es gibt keine Formen, Klänge, Gerüche oder Geschmäcker, die nicht das Wirken dieser Wahren Natur sind. Obwohl all die verschiedenen Dinge, die im Universum existieren, illusorisch sind, gibt es, wenn wir zu unserem Geist erwachen, nichts, was nicht real ist. Und warum genau ist das so? Weil die Wahre Natur alle Dharma-Bereiche erfüllt und Existenz, Nicht-Existenz sowie Geburt und Tod transzendiert. Wenn wir zum Beispiel achtzig Fuß in die Erde graben, gibt es achtzig Fuß Raum; wenn wir tausend Fuß in die Erde graben, gibt es tausend Fuß Raum. Deshalb durchdringt der Raum alle materiellen Dinge. Genauso verhält es sich mit der essentiellen Natur.

Grün, gelb, rot, weiß, hoch, niedrig, sauber und schmutzig sind nichts anderes als das wunderbare Funktionieren der Essenz-Natur. Deshalb heißt es im Lotus-Sutra: „Wenn der Geist entsteht, dann entstehen alle Arten von Dharmas (Phänomene); wenn der Geist aufhört, dann hören alle Arten von Dharmas auf." Dementsprechend sagte der Sechste Patriarch, als er feststellte, dass alle weltlichen und überweltlichen Dharmas das wunderbare Funktionieren der Selbst-Natur eines jeden Individuums sind: „Das Buddha-Dharma existiert in der weltlichen Welt; es gibt keine Erleuchtung außerhalb dieser weltlichen Welt. Wenn wir nach Bodhi (Erleuchtung) außerhalb der weltlichen Welt suchen, ist das wie die Suche nach dem Horn eines Kaninchens." Weiter heißt es im Blumengirlanden-Sutra: „Wenn die Menschen alle Buddhas der drei Zeitperioden verstehen wollen, sollten sie die Natur der Dharma-Bereiche kontemplieren: alles wird durch den Geist erzeugt." Im Sutra der vollständigen Erleuchtung heißt es: „Wenn ein Gedanke gereinigt ist, sind alle Gedanken gereinigt. Wenn alle Gedanken geläutert sind, sind alle Dharma-Bereiche geläutert." Da der Raum und alle Welten der zehn Richtungen das wunderbare Funktionieren unseres Geistes sind, gibt es, wenn wir mit dem Auge der Erleuchtung prüfen, keinen Unterschied zwischen der Saha-Welt und dem Reinen Land oder zwischen den Buddhas und den fühlenden Wesen. Das Meer des Leidens in den sechs Regionen ist ursprünglich leer. Wenn also die weltlichen Gefühle beendet sind, kann Heiligkeit als etwas, das sich von diesen Gefühlen unterscheidet, nicht erdacht werden. Wir sollten also mit einem Lachen reagieren, wenn wir mit günstigen oder ungünstigen Umständen konfrontiert werden, denn sie alle sind das wunderbare Funktionieren unseres Geistes. Dies wird die Große Vollkommene Spiegel-Weisheit genannt. An allen Orten und zu allen Zeiten gibt es keinen Ort, der nicht ein Garten des Glücks ist. Dies ist das höchste Glück der Menschheit.

Der Buddha ist der Geist, der Geist ist der Buddha; warum sollte man den Buddha unabhängig vom Geist suchen? Die Buddhas der Vergangenheit sind gegangen, die Buddhas der Zukunft sind noch nicht gekommen; wo werden wir den Buddha der Gegenwart finden? Außerhalb des Geistes gibt es keinen Buddha; außerhalb des Buddhas gibt es keinen Geist. Wenn wir unseren eigenen Geist entdecken, erscheint der wahre Buddha der Gegenwart in der Welt. Zu diesem Zeitpunkt gehen wir Hand in Hand mit allen Buddhas der drei Zeitperioden. Es gibt keinen Ort, der nicht ein Bodhimandala (heiliger Ort) ist, und keine Zeit, in der wir nicht das Glück des Nirwana genießen. Dann werden wir „der wahre Mensch des Nichthandelns", „der Mensch mit herausragendem Charakter", „der Mensch, der über allen Dingen steht", „der Mensch, der den Pfad kultiviert hat", „der freie Mensch, der Herr über sich selbst ist", „der Lehrer der Götter und Menschen", „der Buddha", „der Weltverehrte" genannt. Dies wird als die Weisheit der Vollkommenheit in Aktion bezeichnet.

Die Berge bewegen sich,
der Mond bewegt sich nicht.
Überall ist ein Bodhimandala.
In einer alten Kiefer
schläft ein wolkenweißer Storch.
In den grünen Bäumen
rufen sich die gelben Pirole gegenseitig zu.
Der leuchtende Mond spiegelt sich
in herbstlichen Gewässern,
die mit dem Himmel verbunden sind.
Könnt ihr das verstehen?
Die fünf frischen Farben
der Flüsse und Berge im September:
Ihr lebendiges Rot
erinnert mich an den Märzfrühling.
Abseits der Jahreszeiten
gibt es keinen Gewöhnlichen oder Heiligen.
Ein Steinmann im Feuer dreht das Dharma-Rad.

Ermutigung zum Üben

In Indien, im Königreich von Kapila, wurde ein Prinz namens Siddhartha als Sohn von König Suddhodana geboren. In seinen frühen Jahren unternahm er einen Ausflug zu den vier Toren der Hauptstadt und hatte eine tiefe Einsicht in die Unbeständigkeit des Lebens, nachdem er einen kranken, einen alten und einen toten Mann gesehen hatte; später, nachdem er einen heiligen Mann gesehen hatte, beschloss er, „sein Zuhause zu verlassen“. Nach sechs Jahren harter Praxis erwachte er zu seinem Geist und erkannte seine Natur, und er wurde als Buddha und als der weltweit Geehrte bekannt. Er war ein großer Revolutionär, wie es ihn in der Geschichte noch nie gegeben hat. Das liegt daran, dass er erstens gewöhnliche Menschen in Vollendete verwandelte. Zweitens kritisierte er das indische Vier-Kasten-System und trat für Gleichberechtigung ein. Drittens: Er verwandelte die Saha-Welt in ein Reines Land. Er war ein Held unter den Helden.

Weil er ein solcher Revolutionär und Held wurde, bitte ich alle Menschen aufrichtig, keine kleinlichen Zweifel zu hegen, sondern auch fleißig nach dem „Wahren Ich“ zu suchen. Wenn ihr zu eurer eigenen Wahren Natur erwacht, werdet ihr dann nicht auch ein großer Mann sein?

Der Buddha sagte, dass es vier Dinge gibt, die schwer zu erreichen sind. Erstens: Es ist schwierig, die menschliche Geburt zu erlangen. Zweitens: Es ist schwierig, als Mensch geboren zu werden. Drittens: Es ist schwierig, sein Zuhause zu verlassen. Viertens: Es ist schwierig, mit dem Buddha-Dharma in Kontakt zu kommen.

Erstens: Obwohl wir einen menschlichen Körper bekommen: Wenn wir unseren Geist wie ein Tier benutzen oder in Unwissenheit und Dummheit verfallen, nennt man das nicht Menschsein.

Zweitens: Auch wenn wir als Mann geboren werden können, sind wir keine Männer, wenn wir durch Existenz und Nicht-Existenz an das Männliche und Weibliche gebunden sind.

Drittens: Obwohl wir in der Lage sind, unser Zuhause zu verlassen: Wenn wir den fünf Begierden nachjagen und nicht den Weg zur Erleuchtung kultivieren, wird es nicht als Verlassen des Hauses bezeichnet.

Viertens: Auch wenn wir fleißig Meditation und Lehre studieren: Wenn wir allmählich dazu tendieren, nach der Form der Praxis zu greifen, aber nicht zur Substanz der Praxis (der Wahren Natur) durchdringen, nennt man das nicht „mit dem Buddha-Dharma in Kontakt sein". Es ist überflüssig zu sagen, dass wir, unabhängig davon, ob wir ein Mann oder eine Frau, alt oder jung sind, von Geburt und Tod befreit werden, wenn wir unsere Selbst-Natur sorgfältig kultivieren, und dass wir, wenn wir in die Buddha-Sphäre aufsteigen, das Glück des Nirwana genießen.

Wenn der Löwe inmitten der Berge und Flüsse brüllt, verlieren die wilden Füchse und die Geister ihren Mut und laufen davon. Wenn die Drachen die Erde mit Regen beschenken, profitieren alle empfindungsfähigen und unempfindungsfähigen Wesen davon.

Vögel, die durch den Himmel fliegen, fliegen nach Osten, nach Westen, nach oben und nach unten, ohne Hindernis und in vollkommener Freiheit. Wenn wir also im Geist des Nicht-Handelns einen Geist des großen Mitgefühls entwickeln und jene fühlenden Wesen retten, die karmisch mit der Fügung verbunden sind, werden wir dann nicht hervorragende Menschen sein?

Ich hoffe, dass von nun an alle, die dies sehen oder hören, zusammen mit allen fühlenden Wesen die Buddhaschaft erlangen mögen.

II

DIE SIEBEN PARAMITA – DER RICHTIGE WEG

Einführung

Obwohl jeder Mensch
  nach persönlichem Vergnügen strebt,
wird dieser Körper zu einer bestimmten Zeit
auf eine Handvoll Asche reduziert werden.
Frag: „Oh, Meister des Körpers!
Was ist das ‚Wahre Ich'?"

Wenn wir die Definition, die Grenzen, den Wert und die Verantwortung dessen kennen, was „Ich" genannt wird, können wir das Zaumzeug der Illusion abwerfen und den richtigen Weg der wahren Hoffnung einschlagen. Da dieser Weg der Buddhismus für die Praxis in unserem täglichen Leben ist, werde ich für jeden der sieben Wochentage eine Paramita besprechen. Das Wort Paramita kommt aus dem Sanskrit und bedeutet, das andere Ufer zu erreichen. Das heißt, wir verlassen das Ufer von Geburt und Tod, das durch den falschen Traum der Illusion gebildet wurde, und gehen hinüber zum „anderen Ufer" der Wirklichkeit und des Nirwana. Daher bedeutet „das Ufer auf der anderen Seite des Flusses" die Erleuchtung des Geistes. Dies zu erreichen gelingt genau durch diese sieben Paramita.

Bevor ich die sieben Paramita beschreibe, sollte ich erklären, dass der Grund, warum dieser Bergmönch diesen Weg einschlug, der ist, dass es frustrierend ist, die vier Milliarden Menschen der heutigen Weltbevölkerung herumstolpern zu sehen, die ihr „Ich" verloren haben.

Außerdem haben die fünfzig Millionen Menschen in unserem Land den nationalen Geist der Silla[1]-und Koryo-Zeit[2] verloren, und obwohl wir unter der Demütigung leiden müssen, eine rückständige, unterentwickelte und machtlose Nation zu sein, wissen wir nicht einmal genug, um uns darüber zu schämen. Das liegt daran, dass wir unsere Orientierung verloren haben. Da wir ein kultiviertes Volk sind, das eine Geschichte und Tradition von einem halben Jahrtausend besitzt, die absolut nicht einem rückständigen Land entspricht, liegt meine unmittelbare Motivation für das Propagieren dieser sieben Paramita in der Hoffnung, dass sie die Wiederherstellung dieses ursprünglichen Geistes fördern.

Wenn wir uns auf das „Ich" beziehen, was ist es dann eigentlich? Wenn wir nach den Maßstäben unseres physischen Körpers leben, und auch nach den Maßstäben des Materialismus, des Essens und des Sexes, dann träumen wir nicht nur im Schlaf – sind wir nicht sogar mit offenen Augen in einem Traum? Warum ist das so? Weil wir, versklavt von der Umwelt, unser „Wahres Ich" vergessen haben und nach materialistischen Maßstäben leben; wir leben ein abweichendes, von der Umwelt dominiertes Leben. Wie unterscheidet sich diese Art von Leben von dem eines

[1] 57 v. Chr.–935 n. Chr.
[2] 935–1392 n. Chr.

Tieres? Wir haben den Geist, der unser Meister ist, vergessen, weil wir, getäuscht von illusorischen Dingen, unser „Ich" verloren haben. Wenn wir mit einem erleuchteten Geist handeln, werden wir zu einem vollkommen vollendeten Menschen und gleichzeitig zum Lehrer der Götter und Menschen. Der Weg, die höchsten Werte der Menschheit zu verwirklichen, besteht also darin, zum Geist zu erwachen und richtig zu leben.

Diejenigen, die nur den physischen Körper als die Grenzen ihres Selbst kennen, sind Menschen, die versklavt von ihrem „kleinen Ich" leben. Für diejenigen jedoch, die in ihrem Geist erwacht leben und somit die richtige Funktion aller materiellen Dinge kennen, sind das ganze Universum und die vier Milliarden, aus denen die Menschheit besteht, genau wie ein anderer Aspekt von ihnen selbst; daran besteht kein Zweifel.

Da das Subjekt, das sich „Ich" nennt, existiert, können das Universum als Umwelt und andere Menschen als Objekte wahrgenommen werden. Auch wenn manche Menschen die Ansicht vertreten, dass diese Welt einen eigenen Schöpfer haben muss, so gäbe es doch, wenn das „Ich" nicht existiert, weder ein wahrnehmendes Subjekt noch wahrgenommene Objekte und somit auch kein Universum; diese Welt ist also mit Sicherheit eine Erfindung unseres Verstandes. Deshalb ist alles in dieser Welt genau ich; und wir bezeichnen dieses „Ich" als das „Große Ich".

Wenn ich dich frage, welchen Wert das „Ich“ hat, wirst du nicht leicht antworten können. Um eine Analogie zu geben: Nehmen wir an, es gäbe einen großen Block reinen Goldes, so groß wie der Berg hinter diesem Kloster, Chogye San. Solange ein solcher Goldklotz von einer bestimmten Person aufbewahrt wird, würde deren Geist nicht von irgendeinem anderen Reichtum oder Ruhm in der Welt bewegt werden. Aber selbst wenn jemand seinen Körper gegen diesen Berg aus reinem Gold eintauschen könnte, gibt es jemanden, der das tun würde? Und selbst wenn das gesamte Universum in Gold verwandelt werden könnte, würde niemand es gegen seinen eigenen Körper eintauschen. Wenn jemand erkennt, dass sein eigenes Selbst einen solchen Wert hat, sollte er dann nicht zu jeder Zeit und an jedem Ort Handlungen von entsprechendem Wert ausführen?

Wie viel Gold es auch sein mag,
  es ist nicht mein Schatz.
Die Heiligkeit der Weisen:
Was kann ich damit anfangen?
Das helle Mondlicht auf Chogye San –
das ist die Helligkeit meines Geistes.

Die Sonne und der Mond am Himmel sind nicht anders als die Sonne und der Mond in meinem Geist. Wie groß ist der Nutzen, den Sonne und Mond sowohl den fühlenden Wesen als auch den unbelebten Dingen gewähren? Sonne und Mond scheinen nicht auf die Berge, weil sie hoch sind, noch auf die Gewässer, weil sie tief sind, noch auf die Blumen, weil sie schön sind, noch auf die Scheiße, weil sie schmutzig ist; sie scheinen vielmehr mit absoluter Unparteilichkeit auf alles.

Worin besteht denn nun dieser Nutzen? Wir sind keineswegs in der Lage, eine solche Wohltat zu messen. Da die Sonne und der Mond nicht von unserem Geist getrennt sind, gäbe es kein größeres Glück, als wenn wir alle unseren Geist kultivieren und zu Menschen werden könnten, die wie die Sonne und der Mond auf all die fühlenden Wesen, die in der Dunkelheit tappen, scheinen. Ich hoffe, dass diejenigen von euch, die dieser Dharma-Rede zuhören, Menschen wie die Sonne und der Mond werden; das ist sicherlich meine ernste Verantwortung.

Montag: Dana-Paramita – Der Tag des Gebens

Lasst uns eine alles durchdringende Liebe nicht nur für die Menschen, sondern für alle fühlenden Wesen empfinden und unseren Besitz frei und ohne Bedauern mit einem Herzen der liebenden Güte geben. Man kennt die folgenden drei Arten des Gebens. Die erste ist das Geben durch das Verstehen des Dharma. Gebt euer Herz in den Dienst eines jeden, indem ihr die Leerheit eures eigenen Selbst und eurer Wünsche zum Wohle anderer erkennt. Zweitens: Gebt alle materiellen Dinge ohne Widerwillen. Wenn wir mit Anhaftung geben, ist es ein Verdienst, der von den Ausströmungen befleckt ist (und somit in seiner Wirkung begrenzt), aber wenn wir ohne Anhaftung geben, ist es ein Verdienst, der nicht von den Ausströmungen befleckt ist (und somit von unbegrenztem Wert). Lasst uns bereitwillig und ohne Widerwillen geben, so wie es uns leicht fällt, kaltes Wasser oder einen schmutzigen Mopp wegzugeben. Der dritte Punkt ist das Geben von etwas ohne Bedenken. Wenn wir aufgrund unserer Vollkommenheit des Verdienstes und der Weisheit in der Lage sind, unsere Herzen und sogar unsere physischen Körper ohne Bedenken zu geben, dann entsteht eine große liebende Güte und ein großes Mitgefühl, in dem wir uns selbst und andere nicht unterscheiden.

Als der Buddha in einem früheren Leben den Bodhisattva-Pfad entwickelte, ging er in Begleitung von Ananda einen Pfad entlang. Er traf einen Brahmanen, der sagte: „Herr, da du einer bist, der sagt, dass er gerne gibt, habe ich eine Bitte. Meine Mutter sagt, dass sie das Auge eines lebenden Menschen als Medizin braucht, um gesund zu werden. Deshalb, oh Buddha, gib mir bitte eines deiner Augen."

Der Buddha hörte seine Bitte und antwortete: „Oh wirklich! Dann nimm bitte dieses Auge von mir und verwende es für ihre Medizin", und nahm eines seiner Augen heraus und gab es dem Brahmanen. Doch als der Brahmane das Auge erhielt, warf er es auf den Boden, trat darauf, zerquetschte es unter seinem Fuß und rieb es immer wieder in den Boden. Als Ananda sah, was der Brahmane getan hatte, rief er: „He! Der Herr hat sein Auge entfernt und es dir gegeben, um daraus Medizin zu machen; aber stattdessen trittst du darauf, zerquetschst es unter deinem Fuß und reibst es in den Boden! Wie kannst du das tun?"

Aber der Buddha sagte: „Ananda, Ananda, lass die Dinge einfach so, wie sie sind. Wenn ich einmal etwas gegeben habe, was macht es dann aus, ob dieser Mann es als Medizin benutzt oder es hinunterwirft, es unter seinem Fuß zermalmt und in den Boden reibt? Das Schenken endet mit dem Akt des Gebens.

Was er danach mit dem Geschenk macht, ist nicht von Belang; lasst uns also weitergehen." Und Ananda und der Buddha setzten ihren Weg fort. Als Buddha in der Vergangenheit als Bodhisattva praktizierte, tat er oft diese Art von Handlung.

Sobald das Geben beendet ist, ist die Angelegenheit abgeschlossen. Es ist für den Geber gleichgültig, wie der Empfänger das Gegebene verwendet.

In einem anderen Leben ging der Bodhisattva mit zwei anderen Menschen einen Weg entlang. Als er an einem bestimmten Ort ankam, sah er eine Tigerin, die Junge zur Welt gebracht hatte. Sie hatten nichts zu essen und waren kurz davor, zu verhungern. Obwohl die Jungen versuchten, an der Brust ihrer Mutter zu saugen, gab es dort nichts, woran sie hätten saugen können. Der Bodhisattva sah diesen erbärmlichen Anblick und sagte zu seinen beiden Freunden, dass er noch etwas zu erledigen habe und dass sie weitergehen sollten. Er näherte sich den Tigern, verwundete seinen Körper und ließ das Blut in das Maul der Tigerin fließen. Die Tigerin, die völlig erschöpft war, weil sie tagelang nichts gegessen hatte, schluckte das Blut hinunter, und als sie wieder zu sich kam, öffnete sie ihre Augen. Da sie nun die verwundete Beute vor sich sah, sprang sie plötzlich auf und fraß den Bodhisattva. Nachdem sie lange gewartet hatten, kehrten seine beiden Freunde auf dem Weg zurück, auf dem sie gekommen waren, um ihren Freund zu suchen. Doch als die Tigerin fertig war, waren nur noch die Hände und der Kopf ihres Freundes übrig.

Auch in dieser Geschichte war der Buddha, als er noch ein Bodhisattva war, bereit, sogar seinen eigenen Körper zu geben, um anderen fühlenden Wesen zu helfen. Wenn wir es schon bereuen, anderen ein oder zweitausend Won (ein paar Euro) zu geben, wie würden wir uns dann fühlen, wenn wir unseren eigenen Körper hergeben müssten? Bitte bedenkt, dass wir aufgrund des Gesetzes des Karmas, wenn wir diesen Körper verschenken, der für jeden von uns unser wichtigster Besitz ist, einen Körper erhalten, der um ein Vielfaches besser ist als der, den wir verschenkt haben. Aber vor allem, werden wir durch das Geben ohne Anhaftung an die Form nicht die größte Belohnung erhalten – die Frucht der Buddhaschaft? Letztlich liegt es daran, dass der Buddha ein solches Bestreben hatte und es dann in die Tat umsetzte, dass er der Bezeichnung „der Heiligste in allen drei Daseinsebenen“ würdig ist. Er wurde zu einem so großen Vollendeten, weil er, während er Verdienste erwarb, nicht nur materielle Dinge, sondern sogar sein eigenes Herz und seinen eigenen Körper ohne Bedauern oder Besorgnis geben konnte. Aus diesem Grund sollten wir, die wir Schüler des Buddha sind, es genießen, auch in kleinen Dingen anderen zu geben, ohne zu bereuen.

Dienstag: Sila-Paramita – Der Tag der ethischen Enthaltsamkeit

Überall und bei allen alltäglichen Aktivitäten des täglichen Lebens sollten wir die Normen der Disziplin, der Etikette und des Anstands einhalten, damit unser Gewissen nicht behindert wird. Nur wenn wir solche ethischen Standards einhalten, werden wir in der Lage sein, die Würde wiederzuerlangen, die wir als kultiviertes Volk während der Silla- und Koryo-Zeit besaßen. Wir Koreaner der heutigen Zeit sollten uns gedemütigt fühlen, wenn wir hören, dass die entwickelten Nationen uns als unterentwickelt bezeichnen. Wir müssen darüber nachdenken, wie es dazu kommen konnte, dass unsere Nation, die eine so lange Geschichte und eine so glänzende kulturelle Tradition bewahrt hat, so geworden ist. Offen gesagt ist diese Degeneration auf einen Mangel an persönlicher Disziplin und öffentlicher Moral zurückzuführen. Wir müssen uns vor Augen halten, dass schlechte Gewohnheiten zur zweiten Natur werden können. Auch wenn es sich nur um triviale Dinge handelt, hat die Anhäufung dieser ungeschickten Handlungen auf spontane und unbewusste Weise zu den heutigen Ergebnissen geführt. Versuchen wir daher, in unserem Leben die Normen der Disziplin, der Etikette und des Anstands aufrechtzuerhalten und zu verhindern, dass sich in unserem Gewissen Hindernisse bilden. Es ist nicht möglich, dass wir andere betrügen, ohne zuvor unser eigenes Gewissen betrogen zu haben.

Deshalb sollten wir versuchen, unser Gewissen nicht zu täuschen.

Das Einhalten der Gebote ist wie das Schmücken des eigenen Körpers mit den sieben Juwelen. Die Gebote sind der Wegweiser zur Befreiung von Samsara. Dementsprechend ist Sila-Paramita genau die Vollkommenheit, die die Weltlichkeit aus dem Geist der Lebewesen beseitigt. Sila bedeutet „Vorsicht“ und meint, dass wir nicht falsch handeln, weil wir bei all unseren Handlungen vorsichtig sind. Die fünf Gebote sind die Grundlage von Sila: Sie bestehen darin, nicht zu töten, nicht zu stehlen, kein falsches sexuelles Verhalten an den Tag zu legen, nicht zu lügen und kein berauschendes Getränk zu trinken.

Wir töten nicht, weil es letztlich eine Handlung ist, die zu unserer eigenen Ermordung führt; denn wenn ich einen anderen töte, wird er in einem späteren Leben seinerseits mich töten. Nicht zu stehlen bedeutet, dass wir keine Dinge nehmen, die uns nicht gegeben werden. Ein Räuber, der jemanden mit einer Waffe bedroht, kann ihm die materiellen Dinge wegnehmen, aber er kann ihm nicht sein Verdienst nehmen. Wir müssen alle versuchen, ein gesundes Leben zu führen, indem wir uns Verdienste erwerben; denn wir können nicht nur durch Geld ein gutes Leben führen. Da das Stehlen des Besitzes anderer unser eigenes Verdienst schmälert, müssen wir uns daher dem Stehlen enthalten. Sich von unangemessenem sexuellem Handeln fernzuhalten bedeutet, dass es unangemessen ist, sexuelle Beziehungen mit jemand anderem als der eigenen Frau oder dem eigenen Mann zu haben. Wenn wir uns aufgrund der Dunkelheit unseres Geistes unangemessenen sexuellen Beziehungen hingeben, ist es unmöglich, einen glücklichen Haushalt zu führen. Keine Lügen zu erzählen bedeutet, andere nicht zu täuschen. Wenn wir Lügen erzählen, verlieren wir unsere Vertrauenswürdigkeit, und andere werden uns nicht glauben, wenn wir reden. Schließlich müssen wir uns vom Alkoholkonsum fernhalten, denn wenn wir trinken, werden wir wie Verrückte, und die Saat der Weisheit wird zerstört.

Daher ist Sila die Laterne, um die Dunkelheit zu erhellen, das Boot, um das Meer zu überqueren, die beste Medizin für die Kranken, die Nahrung der Wahrheit, die Leiter zur spirituellen Vollendung, ein Regenschirm im Regen und der Weg, um zu seiner wahren Natur zu erwachen.

Mittwoch: Ksanti-Paramita – Der Tag des geduldigen Aushaltens

Lasst uns Beleidigungen, alle Arten von Unzufriedenheit und Ängste ertragen und alle Menschen wie den Buddha behandeln. Jeden wie den Buddha zu behandeln bedeutet, dass wir durch unser Verständnis des Dharma Respekt voreinander haben. Die Verunreinigungen, deren Vorhandensein uns veranlasst, Menschen falsch zu behandeln, sind nichts Angeborenes: Sie sind wie Wolken am Himmel, Blasen auf dem Wasser oder Tau auf den Spitzen des Grases. Sie werden durch das unterscheidende Bewusstsein geschaffen, das je nach den zu einem bestimmten Zeitpunkt vorhandenen Umweltobjekten entsteht. Obwohl es üblich ist, dass die Menschen versuchen, den Buddhismus durch intellektuelles Verstehen zu begreifen, ist intellektuelles Wissen nur eine theoretische Meinung; weil der Intellekt dem Entstehen und Vergehen unterworfen ist, können wir den Buddhismus nicht durch ihn begreifen. Erst wenn wir aus diesem unterscheidenden Geist erwacht sind, können wir den Buddhismus verstehen. Das heißt, dass wir erst nach dem Erwachen die Gewissheit erlangen, dass wir selbst Buddhas sind.

Geduldiges Ausharren ist der Weg, um zum „Ich“ zu erwachen, der Weg, um alle heilsamen Handlungen zu vollbringen, und seine Kultivierung wird uns befähigen, das Verdienst anzusammeln, das sowohl das

Erreichen der Buddhaschaft als auch die Fähigkeit, alle fühlenden Wesen zu retten, hervorbringt.

Wenn wir mit der geistigen Kultivierung beginnen, ist es so, als ob wir versuchen, einen Ochsen zu dressieren. Ein Ochse, der wild herumläuft, muss mit dem Lasso eingefangen und geweidet werden, bis er zahm wird. Auch bei der geistigen Kultivierung müssen wir, nachdem wir den Pfad mit Hilfe des hua-tou begonnen haben, alle Schwierigkeiten geduldig ertragen; und wenn wir weiter fleißig üben, wird die Erleuchtung sicher kommen. Daher ist die geduldige Ausdauer, also das Ertragen von schwierigen Dingen und solchen, die wir nicht gerne tun, genau der Weg zur Erleuchtung des „Wahren Ichs". Da es leicht ist, schlechte Dinge zu tun, aber schwierig, gute Dinge zu tun, impliziert das Aushalten des Schwierigen direkt die Vollendung heilsamer Handlungen. Schließlich ist man, nachdem man zum Geist erwacht ist, in der Lage, andere zu leiten; so wird das Erreichen der Buddhaschaft und die Befreiung aller fühlenden Wesen durch das Verdienst des Aushaltens erreicht.

Nicht zu streiten, das eigene Gewissen nicht zu täuschen und keine Unterschiede zu machen, ist die Vollkommenheit der geduldigen Ausdauer, die den unwissenden Geist zerstören wird. Wir müssen unseren Willen wie (der Berg) Tai Shan festigen. Tai Shan bewegt sich nicht; ebenso sollten wir, wenn wir unseren Willen bereits gefestigt haben, nicht zulassen, dass er schwankt. Das Meer hat die Fähigkeit, alles zu umarmen; alle Dinge werden von ihm angenommen. Auch unser Geist sollte, wie das Meer, in der Lage sein, alle Dinge mit grenzenloser Toleranz anzunehmen.

Eine Zunge, die unbedacht spricht, ist wie eine Axt, mit der man sich selbst tötet. Wenn wir unachtsam sprechen, ist es leicht, ein Feind der anderen zu werden; letztendlich können wir sagen, dass es eine Handlung ist, die auf Selbstmord hinausläuft.

Wenn wir unter Kälte und Hunger leiden, wird die Entschlossenheit, den Pfad zu praktizieren, erscheinen, aber wenn wir einen vollen Bauch und einen warmen Rücken haben, wird nur Faulheit wachsen. Ein voller Bauch und ein warmer Rücken können nicht das größte Glück des Menschen sein. Auch Kühe und Pferde können einen vollen Bauch und einen warmen Rücken haben, kann dies folglich als das größte Glück des Menschen angesehen werden? Vielmehr gibt es nur dann wahres Glück, wenn der Mensch sich mit der ungestörten Erfüllung der menschlichen Pflichten beschäftigt. Wenn wir Schmerzen durch schwierige Hindernisse in unserer Umgebung erleiden und auch darüber nachdenken, dass wir in unserer Vergangenheit ohne Verdienst oder Weisheit waren, ist es unmöglich, dass der Geist des Pfades nicht spontan auftaucht.

Donnerstag: Virya-Paramita –
Der Tag der eifrigen Anstrengung

Seid nicht nachlässig in der Praxis des Gebens, der Einhaltung der Gebote und des geduldigen Aushaltens. Was auch immer aufrecht ist, führt es fleißig aus und treibt es beharrlich voran; aber lasst es uns heimlich tun, unbekannt für andere. Auch im Konfuzianismus heißt es: „Entwickle die Tugend in der Art eines Diebes." Das bedeutet, dass man bei der Kultivierung der Tugend heimlich vorgehen soll, als ob man etwas stehlen wollte. Ob andere sehen, was man tut oder nicht, man tut es einfach wie selbstverständlich. Diejenigen, die nur dann Gutes tun, wenn andere zusehen, und Schlechtes, wenn andere nicht zusehen, sind Heuchler und haben nur ein doppeltes Gesicht.

Die Dinge, um die wir uns bemühen müssen, sind: Wahrhaftigkeit, Einsatz, Genügsamkeit, Geduld, Erforschung, mitfühlende Freude und fleißiges Studium. Die Menschen müssen sich in Wahrhaftigkeit üben, denn wenn man nicht wahrhaftig ist, wird man unzuverlässig, und die Leute mögen keine unzuverlässigen Menschen. Die Anwendung besteht darin, aufrichtig und fleißig zu leben, ohne faul zu sein. Geduld bedeutet, das Schwierige zu ertragen, denn wenn wir es nicht aushalten können, werden wir letztendlich keinen Erfolg haben. Wir müssen ein Leben der Genügsamkeit führen, denn das gewährleistet, dass die Familie immer gut mit dem Lebensnotwendigen versorgt ist. Indem man nichts verschwendet und sorgfältig spart, sammelt man sowohl materielle als auch geistige Verdienste an. Durch Erforschung können die Menschen ihre eigene Kreativität entfalten. Mitfühlende Freude bedeutet, sich über die guten Taten anderer zu freuen, denn die Handlungen der anderen sollten die gleichen sein wie unsere eigenen. Schließlich können wir durch fleißiges Studieren eine Person werden, die anderen ebenbürtig ist oder sie übertrifft.

Wenn sich während des Übens der Geist des großen Zorns, der Geist der großen Tapferkeit und der Geist des großen Zweifels manifestieren, werden sie die Kräfte sein, die wir brauchen, um zu unserem „Wahren Ich" zu erwachen, und sie werden eine Quelle der Stärke in all unseren Pflichten sein. Wenn wir uns fragen, warum wir beim Üben diesen großen Zorn erzeugen sollten: Obwohl die Buddhas der drei Zeitperioden, die Patriarchen und Lehrer der Geschichte und die wohlgebildeten Berater, die jetzt in der Welt sind, alle sagen, dass Geist, Buddha und fühlende Wesen ohne Unterschied sind, spielen wir immer noch die Rolle eines fühlenden Wesens, das durch Unterscheidungen entstanden ist. Wenn wir darüber nachdenken, dass wir die ganze Zeit in Faulheit verbracht haben, wie könnten wir dann nicht wütend werden? Indem wir diese Art von Zorn beibehalten und mit ernsthaftem Geist praktizieren, können wir die Praxis zur Vollendung bringen.

Wenn sich der Geist der großen Tapferkeit nicht manifestiert, werden wir niemals in der Lage sein, die Maske eines fühlenden Wesens zu entfernen. Und wenn sich der Geist des großen Zweifels nicht manifestiert, werden wir nicht in der Lage sein, die große Wahrheit des Universums zu entdecken. Obwohl es heißt, dass der Geist Buddha ist, ist dies letztlich nur eine Bezeichnung für den Geist und nicht die wahre Essenz des Geistes. Folglich müssen wir nachforschen: „Was ist dieser Geist?“ Wenn wir diesen Zweifel nicht haben, werden wir nicht in der Lage sein, ein großes Erwachen zu erreichen.

Es gibt eine Legende über den Versuch, ein verlorenes Juwel zu finden, indem man das Wasser aus dem Ozean schöpft; diese Legende veranschaulicht die Art von Energie, die wir in unserer Praxis aufbringen müssen. In der Antike fuhr ein Mann auf das Meer hinaus und entdeckte nach allerlei Strapazen ein wunderschönes Juwel. Er legte das Juwel in seine Handfläche, bewunderte es von allen Seiten und rief aus: „Wunderschön! Wunderschön!“ Der Gott des Meeres, der den Mann beobachtete, wollte nicht, dass ein so unbezahlbares Juwel an Land gebracht wurde, und ließ das Juwel heimlich aus der Hand des Mannes ins Meer fallen. Der Mann war sich der Gegenwart des Gottes nicht bewusst und sah, wie ihm das Juwel aus der Hand glitt und ins Meer fiel. Er tauchte ins Wasser, um es zu suchen, aber so sehr er auch Ausschau hielt, er konnte es nirgends finden.

Nachdem er darüber nachgedacht hatte, beschloss er, das Juwel zu finden, auch wenn er dafür das Wasser aus dem ganzen Ozean schöpfen müsste. Also schöpfte er jeden Tag das Wasser aus dem Ozean. Ein Jahr, zwei Jahre, drei Jahre vergingen; immer wenn die Morgendämmerung anbrach, ging er hinunter zum Meeresufer und begann, das Wasser aus dem Ozean zu schöpfen.

Eines Tages fragte der Gott des Meeres den Mann: „Warum schöpfst du jeden Tag das Wasser aus meinem Ozean?“ Der Mann antwortete. „Ich habe ein Juwel in den Ozean geworfen, und ich lasse das Wasser ab, um es zu finden.“ Spöttisch sagte der Gott des Meeres: „Der Umfang des Ozeans beträgt 40.000 Yojanas[3]; wie kannst du so viel Wasser ausschöpfen?“

Der Mann antwortete: „Auch wenn dies ein Ozean von 40.000 Yojanas ist, so ist das doch eine endliche Zahl. Da mein Leben jedoch unendlich ist, kann ich, wenn ich in diesem Leben nicht alles ausschöpfen kann, es im nächsten Leben beenden; und wenn ich im nächsten Leben nicht alles schaffen kann, kann werde ich es im darauffolgenden Leben tun. Wenn ich so weitermache, wird eines Tages das ganze Wasser des Ozeans ausgeschöpft sein, und ich werde mein Juwel finden.“

---

[3] Altes südostasiatisches Entfernungsmaß, ein *yojana* entspricht ca. 15 km.

Der Gott des Meeres dachte eine Weile darüber nach: „Dieser naive Mann wird nicht nur das ganze Wasser aus dem Ozean leeren und dieses Juwel finden, sondern auch meine Heimat zerstören!“ Und die Geschichte besagt, dass er das Juwel besorgte und es dem Mann gab.

Auch dieser Mann war kein anderer als der Buddha, als er sich in früheren Leben zum Bodhisattva ausbilden ließ, und die Geschichte von der Suche nach dem Juwel ist eine Allegorie für die Suche nach dem Geist. Folglich werden wir bei dieser Suche erfolgreich sein, wenn wir nur einen festen Entschluss und unschuldige Einfachheit haben.

Freitag: Dhyana-Paramita: Der Tag der Stille und der Stabilität des Geistes

Wenn der Geist entspannt ist, entsteht Frieden; die Erleuchtung des Geistes bringt wahren Frieden. Wir können materielle Dinge nicht als das betrachten, was für die Menschheit den höchsten Wert darstellt. Nur wenn der Geist erleuchtet ist, können wir den höchsten Wert des Menschen verwirklichen. Daher sollten wir geistigen Frieden erlangen, indem wir zu der den Phänomenen zugrunde liegenden Letzten Wahrheit erwachen.

Wenn der Körper sauber und der Geist rein ist, wird unsere Weisheit hell sein. Wir können ein zerbrochenes Gefäß nicht mit Wasser füllen; wenn sich das Wasser jedoch in einem sauberen Gefäß niederlässt, kann sich der Mond des Geistes darin spiegeln. In ähnlicher Weise wird sich der Glanz der Weisheit, die aus der eigenen Natur kommt, umso mehr manifestieren, je mehr der Geist zur Ruhe kommt. Schließlich, wenn die Einbildung vollständig beseitigt ist, werden wir zum Geist, „dem Unveränderlichen", erwachen.

Wenn wir schließlich die Herrschaft über unser Schicksal in Geburt und Tod erlangt haben, sind wir zufrieden, verstehen unsere Rolle in der Gesellschaft und sind unerschütterlich inmitten der Wellen der Welt, die von den „Acht Winden" erzeugt werden. Die Beherrschung unseres Schicksals in Geburt und Tod bedeutet, dass unser Geist überall und jederzeit ruhig und friedlich ist, und da wir nicht mehr von Geburt und Tod abhängig sind, existiert unser Leben ewig. Unsere Rolle in der Gesellschaft zu kennen bedeutet, dass wir, da wir die Aufgabe haben, ein Buddha zu werden, all unsere Anstrengungen unternehmen sollten, um sie zu erfüllen. Wir müssen lernen, mit dem, was wir besitzen, zufrieden zu sein. In der Welt der materiellen Dinge können wir niemals Zufriedenheit erfahren; aber nach der Erleuchtung, da es nichts Höheres zu wünschen gibt, können wir wahre Zufriedenheit erleben. Alle Arten von weltlichen Wellen kommen daher, dass wir die Zufriedenheit nicht kennen. Gewinn, Verlust, Ruhm, Verruf, Lob, Kritik, Glück und Leid sind die „Acht Winde“, die die weltlichen Wellen in diesem Reich der fühlenden Wesen erzeugen.

Wie der Mund einer Flasche, die nichts fassen kann, sollte unser Mund leer sein, wenn wir sprechen. Wenn wir zu viel sprechen, dann gibt es nicht nur wenige nützliche Worte in unserer Rede, sondern es besteht auch die Gefahr, dass wir unpassende Dinge von uns geben. Aus diesem Grund wurde gesagt, dass die Zunge, die unvorsichtiges Reden produziert, wie eine Axt wird, die sich selbst zerhackt. Je weniger ein Mensch spricht, desto mehr wird er innerlich Verdienst kultivieren.

Unsere Sinnestüren sollten fest verschlossen sein wie das Tor einer Festung. Da das Bewusstsein des Menschen durch diese sechs Türen (der Augen, Ohren, Nase, Zunge, des Körpers und des Geistes) ein- und ausgeht, müssen diejenigen, die den Geist kultivieren, das Bewusstsein fest und entschlossen wie das Tor einer Festung sichern, damit die sechs Diebe (die sechs Sinnesobjekte) nicht eindringen können. Nur auf diese Weise kann man den Frieden des Geistes erlangen.

Samstag: Prajna-Paramita – Der Tag der Weisheit

Weisheit ist nichts Besonderes, das man erwerben kann, sondern einfach das, was weiß, dass man essen sollte, wenn man Hunger hat, schlafen sollte, wenn man müde ist, und einen Ventilator benutzen sollte, wenn einem heiß ist. Weisheit ist das, was eine Schale zu einer Teetasse macht, wenn sie mit Tee gefüllt ist, zu einer Soßenschale, wenn sie mit Soße gefüllt ist, zu einer Reisschale, wenn sie mit Reis gefüllt ist, und zu einem Medizintopf, wenn sie mit Medizin gefüllt ist. Aber es gibt keine feste Methode für das Funktionieren dieser Weisheit. Weisheit ist einfach diejenige, die weiß, wie man die Dinge je nach dem vorliegenden Fall nutzen kann.

> Die Reinheit des Geistes ist der Buddha.
> Die Ausstrahlung des Geistes ist der Dharma.
> Der Geist ohne Hindernisse ist das Tao.

Meine lieben Zuhörer, wisst ihr, was die Helligkeit des Geistes ist? Habt ihr jemals das Strahlen gesehen, das vom Geist ausgeht? Der erleuchtete Mensch ist in der Lage, das Strahlen des Geistes zu sehen; aber auch wenn wir nicht in der Lage sind, dieses Strahlen zu sehen, so nutzen wir es doch in diesem Augenblick, an diesem Ort. Wir nutzen die Helligkeit, die vom Geist ausgeht, und diese Helligkeit ist genau das, was den Klang dieses Stabs hören kann, wenn er gegen diese Plattform geschlagen wird, und das, was diesen Stab sehen kann, wenn er hochgehalten wird. Gäbe es kein Strahlen, das vom Geist ausgeht, könnten wir weder sehen noch hören.

Sonne und Mond sind nicht losgelöst von unserem Geist; vielmehr sind sie genau die Sonne und der Mond, die in unserem Geist existieren. Weil unser Geist dunkel ist, nutzen wir zwar die Strahlkraft unserer Sonne und unseres Mondes, sind uns aber nicht bewusst, dass wir sie nutzen. Wir sollten gut beurteilen, was in unserem Leben heilsam und was unheilsam ist, und so handeln, dass der Geist immer rein, hell und frei von Hindernissen ist. Wir sollten uns auch so verhalten, dass wir nie unsicher sind, ob unsere Handlungen richtig sind. Diese Art von heller Weisheit ist das Schwert, das die drei Gifte (Gier, Hass und Verblendung) vertreibt, und ist genau die Vollkommenheit der Weisheit. Bereiten wir uns also im Voraus auf die kommenden sieben Tage vor, indem wir unsere Weisheit stärken.

Sonntag: Gottesdienst – Die Vollkommenheit der gleichzeitigen Praxis aller Paramita

Dienen bedeutet, alle Formen des heilsamen Handelns in die Praxis umzusetzen, indem man anderen dient. Nachdem wir die Sechs Paramita, die oben besprochen wurden, vervollkommnet haben, lasst uns durch die folgenden Vier Leitenden Dharmas, die das Geheimnis für den Erfolg im Leben sind, alle Menschen entsprechend den karmischen Umständen behandeln. Lasst uns die guten Taten anderer loben, großes Mitgefühl zeigen und denen helfen, die sich in Schwierigkeiten und Elend befinden.

Das erste der Vier Leitenden Dharmas ist das Geben, was bedeutet, anderen nicht nur materielle Hilfe zu geben, sondern auch geistige Hilfe, die sie zu schätzen wissen. Normalerweise wissen die Menschen nur, wie man Geld verdient, aber nicht, wie man es einsetzt. Wir müssen jedoch verstehen, dass die Verwendung des Geldes auch zu einem Einkommen führt.

Wenn ich anderen entweder materiell oder spirituell helfe, werde ich irgendwann, durch karmische Belohnung, Hilfe erhalten, wenn ich selbst Hilfe brauche. Das liegt an der Beziehung zwischen Ursache und Wirkung. Helfen wir also anderen so weit wie möglich in materiellen und geistigen Angelegenheiten.

Das zweite Leitende Dharma ist die liebevolle Rede, was bedeutet, dass wir versuchen sollten, andere mit Freundlichkeit und durch sanfte und warme Rede zu führen. Liebevolle Rede bedeutet, liebevolle Güte und Mitgefühl in all unseren Worten in die Praxis umzusetzen. Untergebene, die respektvoll zu Vorgesetzten sprechen, und Vorgesetzte, die liebevoll zu Untergebenen sprechen: Das ist eindeutig das Funktionieren der liebevollen Rede.

Das dritte Leitende Dharma ist nützliches Handeln, d. h. wir leiten andere in einer hilfreichen Weise während all unserer körperlichen und geistigen Aktivitäten an, indem wir beharrlich heilsame Taten vollbringen. Der Bau von Schulen für das Lernen, von Bewässerungsbecken für die Wasserversorgung, von Brücken für eine bequeme Fahrt und ähnliche Aktivitäten, die anderen Nutzen bringen, sind sinnvolle Handlungen. Obwohl nützliche Handlungen nur als Hilfe für andere erscheinen, sind sie in Wirklichkeit das Vorspiel zu Vorteilen, die zu uns selbst zurückkehren werden. Wir alle müssen zahlreiche nützliche Dinge tun.

Das vierte Leitende Dharma ist die Kooperation, d. h. die Anleitung zur Zusammenarbeit mit anderen unter voller Berücksichtigung des Charakters des anderen, bis hin zur Änderung des eigenen Verhaltens, um das Vertrauen der anderen Person zu gewinnen. Wenn wir zum Beispiel einen Dieb zur Einsicht bringen wollten, würden wir ihn unter dem Deckmantel bessern, selbst ein Dieb zu sein. Aus diesem Grund ist die Zusammenarbeit im Vergleich zu anderen Dingen die schwierigste aller Praktiken.

Schlussfolgerung

Ein großer Mann ist auf der Suche
  nach dem Schwert,
das dem Löwen die Hörner abschlagen kann.
Wer wird es einer leblosen Puppe geben?
Gespenster kommen nicht
  ins Sonnenlicht des hellen Tages.

Liebe Zuhörer, habt ihr schon einmal einen Löwen mit Hörnern gesehen? Schon ein gewöhnlicher Löwe ist furchterregend genug, aber könnt ihr euch vorstellen, wie furchterregend ein Löwe mit Hörnern sein würde? Der Löwe mit Hörnern ist eine Bezeichnung für den Buddha. Der Buddha wurde zu einer so furchteinflößenden Person, weil er zur großen Wahrheit des Universums erwacht ist. Also, ihr alle, die ihr dieser Dharma-Vorlesung zuhört: Warum hört ihr zu? Geht es nicht letztlich darum, genau wie der Buddha ein furchterregender Mensch zu werden, der zu seinem Geist erwacht ist? Letztendlich ist der Zweck des Hörens jeder Dharma-Lehre, ein so hervorragender Mensch zu werden, wie es der Buddha war; und was der Dharma-Meister sagt, ist alles in der Hoffnung, dass ihr dieses Ziel erreicht. Deshalb ist das Hören von Dharma-Vorträgen und das Kultivieren des Geistes ein Mittel, um das Schwert der Weisheit zu finden. Jemand, der stumpf ist wie eine leblose Puppe, kann dieses Schwert nicht finden. Wenn wir nur unseren Geist klar machen und mutig vorwärts gehen, können wir das Schwert der Weisheit finden, das wir eigentlich schon seit ewigen Zeiten tragen. Vor der Helligkeit der Weisheit können Phantome nicht existieren. Die Helligkeit unseres Geistes ist so strahlend wie die Sonne am helllichten Tag; vor dieser Helligkeit können wir nicht durch illusorische Dinge getrübt werden. Indem wir zu unserem „Wahren Ich" erwachen und uns selbst und anderen gerecht werden, wollen wir anderen gegenüber Güte zeigen, den Pfad des Bodhisattvas vollenden und diese Welt in ein Buddha-Land verwandeln.

III

FORMALE DHARMA-DISKURSE

Einführung

Die folgenden Dharma-Vorträge sind so beschaffen, dass ein Überblick über das Leben in der Meditationshalle und die Umgebung, in der sie gehalten wurden, nützlich sein kann, um den Alltag der Chan-Mönche und die einzigartige Art von Vorträgen, die Chan-Meister halten, besser zu verstehen.

Heutzutage sind nur wenige Menschen mit der Atmosphäre vertraut, in der die Chan-Meditierenden in Korea jahrhundertelang geübt haben. Es ist bedauerlich, dass die meisten modernen Kommentatoren, obwohl sie sowohl genaue Übersetzungen der Dialoge zwischen Meister und Schüler als auch authentische Fälle von spirituellem Erwachen, wie sie von alten Meditierenden erreicht wurden, vorlegen, es versäumt haben, entweder den Geisteszustand des Schülers zu betonen, der erst nach vielen Jahren der Übung erreicht wurde, oder einen Bericht über die Umgebung und die Lebensweise zu präsentieren, in der so viele erfolgreiche Meditierende gelebt und gearbeitet haben. Vor allem fehlen Berichte über das Leben, wie es von Tag zu Tag und von Monat zu Monat gelebt wird. Aus diesen Gründen wird hier der normale Tagesablauf einer Meditationshalle dargestellt, die heute genauso funktioniert wie seit über tausend Jahren.

Die Lage von Korea

Die koreanische Halbinsel ragt in das Meer hinein, das das chinesische Festland von Japan trennt; Korea kann daher mit einer Landbrücke verglichen werden, die China und Japan fast miteinander verbindet. Aus diesem Grund gelangte der chinesische Buddhismus schon früh in der koreanischen Geschichte nach Korea und hatte großen Einfluss auf die Entwicklung der einheimischen Tradition. In der Folgezeit konnte sich der Buddhismus dank der Missionstätigkeit koreanischer Mönche in Japan entfalten. Bedauerlicherweise ist über die ebenso große koreanische buddhistische Tradition wenig bekannt.

Der Standort von Song Kwang Sa und die Lebensweise in der Meditationshalle

Im äußersten Süden der koreanischen Halbinsel, im Tal unterhalb des Berges Chogye, befindet sich das Kloster Song Kwang Sa, das seit über tausend Jahren als Meditationszentrum dient. Aus kleinen Anfängen wuchs das Kloster zu seiner heutigen Größe heran und nimmt seither einen herausragenden Platz in der einheimischen buddhistischen Tradition ein. Seit dem großen Wiederaufbau und der Erweiterung durch Chinul (posthumer Titel: Nationallehrer Bojo) vor etwa acht Jahrhunderten ist Song Kwang Sa eines der führenden Ausbildungszentren für Sitzmeditation. Fünfzehn Nationallehrer hielten diese von Meister Bojo begonnene Chan-Schule aufrecht, und der gegenwärtige Chan-Meister, der diese Vorträge hält, ist ein Vertreter dieser langjährigen Tradition. Das Kloster ist das einzige in Korea, in dem ausländische Mönche und Nonnen ihren ständigen Wohnsitz haben.

Die meisten Meditierenden leben in der größten der drei Meditationshallen, die eine lange, natürliche Struktur aus Holz und Fliesen ist. Sie ist mit dem Dharma-Vortragssaal verbunden, in dem die folgenden Vorträge gehalten werden.

Diese beiden Gebäude, die kleine Einsiedelei des Chan-Meisters, das Zimmer des Abtes und die Halle der Patriarchen liegen abgeschieden in einem weitläufigen Gelände hoch über dem allgemeinen Tempelkomplex. Der Zutritt zu diesem Bereich ist beschränkt, da er als das Herzstück des Klosters gilt. Blumengärten und immergrüne Bäume säumen die Höfe und dienen als Schutz vor neugierigen Blicken.

Es gibt zwei Perioden im Jahr, die der intensiven meditativen Kultivierung gewidmet sind. Obwohl es allgemeiner Brauch ist, dass die Meditierenden jede der dreimonatigen Kultivierungsperioden in der Meditationshalle verbringen, funktioniert die Halle ohne Unterbrechung und ein kontinuierlicher Aufenthalt ist durchaus erwünscht. Zweifellos sollte allein die natürliche Umgebung ausreichen, um einen längeren Aufenthalt zu veranlassen, denn von der Halle aus blickt man über den Klosterkomplex und durch das lange, bewaldete Tal auf die hoch aufragenden, schroffen, schneebedeckten Gipfel des Berges Mohu. Gegenüber erhebt sich ein riesiger Berg mit drei Gipfeln, und Kiefern und eine Kette von Gipfeln im Rücken der Halle vervollständigen die Kulisse, die einem chinesischen Landschaftsgemälde sehr ähnlich ist.

Im Inneren der Halle hingegen bleibt die äußere Szenerie, so attraktiv sie auch sein mag, im Allgemeinen durch verschiebbare Papierwände verborgen. Obwohl sich hinter den Papiertüren Reihen von Meditierenden in stiller Meditation befinden und draußen unter dem Holzdeck in Reih und Glied Schuhe aufgereiht sind, herrscht eine Aura absoluter Stille, als ob sich überhaupt niemand in dem Raum aufhalten würde. Würde ein Besucher jedoch nach asiatischem Brauch seine Schuhe ausziehen und durch die Schiebetür eintreten, würde er überrascht sein, fünfundzwanzig grau gekleidete Meditierende vorzufinden, die unbeweglich in zwei langen Reihen sitzen, Rücken an Rücken, still der Wand gegenüber. Der Raum ist sehr groß, angenehm warm, aber bis auf das Nötigste leer. Der gelbliche, mit Papier bedeckte, warme Steinboden ist mit zwei ordentlichen Reihen brauner Sitzkissen ausgelegt. Dicke Bambusbalken über dem Kopf tragen braune Kesas (formelle Gewänder), die ordentlich nebeneinander hängen. An der gegenüberliegenden Wand hängen lange, förmliche graue Roben mit Schmetterlingsflügeln an ihren Aufhängern. In einer Altarnische in der Wand befinden sich ein silbernes Räuchergefäß, eine Wasserschale und Kerzenständer.

Gewöhnlich reisen die Meditierenden zwei oder drei Wochen vor dem offiziellen Beginn der Meditationssaison an, um sich einen Platz in der Halle zu sichern. Nach der Niederwerfung vor der Gemeinschaft und der formellen Aufnahme in die Chan-Halle erhält der Wandermönch ein kleines Schließfach auf dem Dachboden, wo er seine Habseligkeiten in einem Stoffrucksack aufbewahrt. Der Dachboden ist nur groß genug, um das Obst zu lagern, das die Sangha im Spätherbst sammelt, und um zehn oder zwanzig dicke Wintermäntel aufzuhängen. Dies ist der einzige Raum, der nicht beheizt werden kann, und wenn man nicht gerade seinen dick gefütterten Mantel anhat, wagt man sich im Winter in der Regel nicht hinein, außer um sich mit heißem Tee aufzuwärmen. Während das Reden in der Meditationshalle verboten ist, wird es auf dem Dachboden nicht so streng gehandhabt, und die Atmosphäre ist daher entspannter. Sofern der Mönch nicht neu im Chan-Wanderleben ist, sind die meisten anderen Mönche alte Bekannte. Diese Umgebung, die so hilfreich ist, um die geistigen Prozesse zu kontrollieren, ist nicht das alleinige Monopol der Meditationsmönche, die ihre ganze Zeit dem Studium des Chan widmen können; vor allem in den Sommermonaten sitzen auch buddhistische Nonnen, Laienmänner und Laienfrauen häufig in ihren eigenen separaten Meditationshallen. Die koreanischen Buddhisten sind fast ausschließlich Anhänger der Lin-chi Chan-Schule, die sich in China entwickelt hat, doch ihr

Stil unterscheidet sich etwas von der chinesischen Form und definitiv von ihrem japanischen Gegenstück. Die koreanische Meditationsschule ist von diesen beiden berühmten Nachbarn beeinflusst worden, hat aber ihre eigenen nationalen Merkmale beibehalten. Das chinesische oder japanische Gegenstück zu den koreanischen Meditationshallen ist schwach beleuchtet, kühl und zugig, aber da es koreanische Tradition ist, über längere Zeiträume in der Halle zu meditieren, würde ein Leben in einer ähnlichen Umgebung über Monate oder Jahre hinweg nur dazu dienen, die eigene Gesundheit zu zerstören. Deshalb wird der große Raum täglich durch ein loderndes Feuer unter dem Steinboden an einem Ende des Raumes beheizt. Zum zusätzlichen Schutz vor den heulenden Winterstürmen umgibt ein doppelter Schirm aus Papiertüren das Gebäude. Stühle oder erhöhte Podeste sind nicht nötig, denn jeder sitzt auf einem Kissen auf dem beheizten Boden.

Natürlich ist es in der Tat schwierig, abgeschieden von der Welt zu leben und dem Weg des Buddha zu folgen. Es erfordert viele geduldige Tage, Monate oder sogar Jahre regelmäßiger Übung, bevor eine Erleuchtung von irgendeiner Tiefe erreicht wird; das erneute Ablegen der eigenen Anhaftungen ist ebenfalls eine Voraussetzung. Meister Lai-kuo sprach von „Tausend Tage Übung und ein Sekundenbruchteil Erleuchtung"; Nationallehrer Bojo wies auf die Notwendigkeit von „plötzlichem Erwachen und sukzessiver, schrittweiser Übung" hin. Es ist offensichtlich, dass nur ernsthaft Praktizierende den Pfad und die Frucht im Zeitalter, in dem der Dharma endet, erreichen können. Dennoch haben Menschen, die die Vergänglichkeit aller bedingten Dinge gesehen haben, die darüber nachgedacht haben, wie sie von Krankheit befallen werden, schließlich alt werden und dem unvermeidlichen Herannahen des Todes und der damit verbundenen Wiedergeburt ausgesetzt sind, die die potentielle Gefahr eines den Wechseln unterworfenen Geistes gesehen haben und die ständige Enttäuschung erkennen, die den Vergnügungen innewohnt, sowie die ermüdende Wiederholung in vielen Aspekten des Lebens – sich freiwillig für diesen Lebensstil entschieden und streben nach der Höchsten Erleuchtung. Wie könnte ihr Zeitplan anders als straff sein?

Die Chan-Mönche nutzen die Vorteile der Geburt in diesem glücklichen menschlichen Reich und beginnen den Tag früh, indem sie jeden Morgen um 3 Uhr aufstehen.

Seltsamerweise hören alle, obwohl alle gut schlafen, den Glockenschlag drei, und mit diesem Geräusch beginnt die Meditation. Die erste Aufgabe besteht darin, die dicken Baumwolldecken zu falten und sie dann aus dem Weg zu stapeln. Dann gehen sie nach draußen in die Dunkelheit und den rauen, kalten Wind, schnell zur Toilette, kehren zurück und waschen sich anschließend im kalten Quellwasser. In den kältesten Monaten des Jahres kann es erforderlich sein, das Eis der Steinwanne aufzubrechen, um an das Wasser zu gelangen. Jedenfalls sind alle hellwach, wenn sie in die Wärme des Hauses zurückkehren.

Nach ihrer Rückkehr nehmen die vollordinierten Mönche ihre braunen Kesas vorsichtig vom hängenden Bambusbalken ab, heben das traditionelle Gewand kurz respektvoll über den Kopf und kehren zu den ihnen zugewiesenen Positionen zurück. Dort wirft jeder das Gewand über die linke Schulter, schwingt es unter dem rechten Arm herum, befestigt die beiden Seiten mit einer Spange und steht mit gefalteten Handflächen. In der Zwischenzeit gehen die Novizen zum anderen Ende der Halle, holen ihre langen, formellen, großärmeligen grauen Gewänder von ihren jeweiligen Stangen und kehren zu ihren Kissen zurück. Dort ziehen sie sie an, legen ihre kleinen quadratischen Kesas an, binden sich einen breiten Gürtel um die Taille und legen ihre Hände ebenfalls respektvoll in der Gebetshaltung zusammen. Wenn der Leiter der Chan-Halle sieht, dass alle bereit sind, zeigt er an, wann sich alle gemeinsam vor der Altarnische und dem großen runden Spiegel (symbolisch für die Vollkommene Spiegelweisheit des Buddha) verbeugen sollen. Vielleicht verbeugen sie sich stattdessen voreinander in Anerkennung der Buddha-Natur in jedem anderen. Nach den drei Niederwerfungen wird das graue Gewand oder das dunkelbraune Kesa gefaltet und aufgehängt. Dann nehmen alle schnell die Meditationshaltung ein. Die meisten sitzen in der bequemeren „Viertel-Lotus“-Haltung, nur wenige nehmen den halben oder vollen Lotussitz ein. Wenn sich alle niedergelassen haben, zeigt das dreimalige Klacken des gespaltenen Bambusstabes an, dass die erste formelle, stille Sitzperiode des Tages begonnen hat. Die Uhrzeit: etwa 3:15 Uhr.

Seit dem Aufstehen bemühen sich die Chan-Kultivierenden, sich auf das hua-tou oder kung-an zu konzentrieren, während sie das Bettzeug zusammenrollen und sich waschen; doch während sie aktiv sind, ist es im Allgemeinen schwieriger, sich auf „einen Gedanken“ zu konzentrieren. Die stille Haltung einzunehmen und den Körper zur Ruhe zu bringen, hilft dem Anfänger daher, das hua-tou Moment für Moment aufrechtzuerhalten. Der menschliche Geist neigt im Allgemeinen dazu, nach draußen zu gehen, um die Dinge in der äußeren Welt wahrzunehmen, dann Werturteile über die gesehenen und gehörten Objekte zu bilden und so von morgens bis abends einen fließenden Strom von Unterscheidungen zu erzeugen. Ein ruhiger Lebensstil und meditative Praktiken helfen, diese Unterscheidungen zu vermindern und schließlich abzuschalten. Die spezifische Methode, die angewandt wird, besteht darin, die normale Außenorientierung des Geistes durch den Blick nach innen umzukehren: durch den Blick in die eigentliche Natur des Geistes. Wenn die Natur des Geistes erkannt wird, wird die Selbst-Natur wahrgenommen, was die Erlangung der Buddhaschaft bedeutet. Der Geist in seinem ursprünglichen, ungerührten Zustand wird Buddha, Reiner Geist, Wahrer Geist oder Ein Geist genannt. Dieses Absolute oder der „wahre Mensch“ befindet sich also nicht außerhalb von einem selbst, sondern ist unabhängig von den fünf skandha (Körper, Gefühle, Wahrnehmungen, geistige Aktivitäten und Bewusstsein) und liegt scheinbar jenseits von ihnen. Diese fünf sind das falsche Ich; das, was vor dem Auftauchen der Gedanken existiert, ist der Wahre Geist oder das Wahre Ich. Die Grundlage dieses buddhistischen Chan ist es, nicht an das Böse zu denken, nicht an das Gute zu denken und in sein „fundamentales Gesicht“ zu schauen, bis es verwirklicht ist.

Die Auszubildenden bleiben unbeweglich und bemühen sich, sich in ihr hua-tou zu bohren, bis die Uhr vier schlägt und der Hallenaufseher den Bambusstab klatschen wird. Dann dürfen alle ihre Beine ausstrecken, bevor sie gehen. Das zweite Klatschen des Stabes gegen seine Hand ist das Signal, aufzuspringen und mit zehn Minuten mobilem Chan zu beginnen. Dies ist die Routine, der eine Chan-Halle den ganzen Tag und die ganze Nacht über folgt, jahrein, jahraus: Fünfzig Minuten Sitzen, unterbrochen von zehn Minuten Gehen. Während des Gehens steht es den Teilnehmern frei, die Halle zu verlassen, um auf die Toilette zu gehen oder ein Getränk zu sich zu nehmen.

Sie gehen in normalem Tempo um den äußeren Rand der Halle herum, wobei sie die Hände locker schwingen. Ohne nach rechts oder links zu schauen oder sich darum zu kümmern, was andere tun oder nicht tun, bemühen sie sich, den Geist in einem klaren, auf einen Punkt konzentrierten Zustand zu halten.

Das morgendliche Programm wird bis eine halbe Stunde vor dem Frühstück fortgesetzt, wenn die ernsthaften Kultivierenden ein paar einfache Yoga-Übungen machen und zur Geh-Übung zurückkehren. Die weniger Ernsthaften, die im Allgemeinen die Jüngsten sind, nutzen diese Gelegenheit, um sich vor dem Essen zwanzig oder dreißig Minuten lang auf den einladenden warmen Boden zu legen und zu schlafen. Dies ist eine schlechte Angewohnheit, die, wenn man damit angefangen hat, schwer zu brechen ist. Sie kann sicherlich dazu beitragen, dass man alles verliert, was man in zweieinhalb Stunden Arbeit mit dem hua-tou gewonnen hat.

Normalerweise wird um diese Zeit am Morgen, wenn der Geist trübe ist, diese Trübsinnigkeit mit echter Müdigkeit verwechselt.

Für diejenigen, die gerne schlafen, kommt der Gong, der in der Dunkelheit vor der Dämmerung ertönt und an der gegenüberliegenden Bergwand widerhallt, viel zu früh. Es ist das Signal zum Frühstück, und alle sind aufgefordert, daran teilzunehmen. Alle ziehen den dicken, mit Baumwolle gepolsterten Mantel an.
Wenn alle in Reih und Glied sitzen, servieren die jüngeren Mönche zuerst Wasser, um die Schalen zu spülen, und dann Reis und Gemüsesuppe. Kleine Schalen mit eingelegtem Gemüse werden herumgereicht. Alle bedienen sich und geben sie dann weiter. Das dreimalige Klacken des Stabes ist das Signal, die Hände zu heben, die Handflächen aneinander zu legen und sich in Dankbarkeit für das erhaltene Essen zu verbeugen. Es wird sehr schnell gegessen, die Schüsseln werden abgewaschen, abgetrocknet und ins Regal gestellt, dann gehen alle so schnell, wie sie gekommen sind. Jedem Meditierenden wird an seinem Platz in der Halle eine Tasse Milch serviert, und anschließend werden das Klostergelände und die Wege gefegt. Um acht Uhr ist dies erledigt und alle kehren in die Chan-Halle zurück, um die Sitz- und Gehübungen bis 10:30 Uhr fortzusetzen. Nach weiteren Yoga-Asanas, dem Anziehen der formellen Robe mit den großen viereckigen Ärmeln und dem Gang in die Buddha-Haupthalle für einen kurzen Chanting-Dienst wird die Hauptmahlzeit des Tages eingenommen. Gegen 12.30 Uhr im Frühling, Sommer und Herbst gehen alle zu den Gemüse- und Gerstegärten oder vielleicht zu den Reisfeldern, um dort eineinhalb oder zwei Stunden lang gemeinsam zu arbeiten.

Wenn es staubig und heiß ist, wäscht man sich oder nimmt ein Bad im Fluss, und dann geht es zurück in die Chan-Halle.

Das Leben in einem traditionellen Chan-Kloster in Korea oder China ist daher sehr reglementiert; die einzige Zeit, in der sich die in der Meditationshalle Lebenden nicht in ihr aufhalten, sind die Zeiten der Gruppenarbeit, der Mahlzeiten und des Tempeldienstes. Zwölf oder vierzehn Stunden werden täglich mit der Chan-Disziplin des Geistes verbracht, während man in der Halle sitzt oder geht, und die Routine endet um 22 Uhr, wenn vier oder fünf Stunden Schlaf gewährt werden.

Während des Sitzens und Gehens kann der Geist des Praktizierenden sehr unruhig sein, wenn er noch unter dem Einfluss des geschäftigen Kommens und Gehens steht. Nicht jeder kann dieses Leben ertragen. Es kann sein, dass die Übenden einen ganzen Strom von verschiedenen Gedanken sehen, anstatt „einen Gedanken, der zehntausend Jahre dauert", wie die Meister sagen; die „Frage" und der Zweifel werden wahrscheinlich durch wandernde Gedanken unterbrochen. Aus eigener Erfahrung erleben die Kultivierenden, wie äußerst schwierig es ist, die unnötige Neigung zum Tagträumen und die Gedankengänge zu unterdrücken. Die Aufgabe kann manchmal sogar hoffnungslos erscheinen. Wenn sie sich anstrengen, können sie vorübergehend einen Gedanken des Zweifels aufkommen lassen, aber die Konzentration löst sich bald wieder auf, wenn sie von umherschweifenden Gedanken angegriffen wird. Diese Vorstellungen werden im Allgemeinen durch Erinnerungen oder Imaginationen in Aktivität versetzt, während man ruhig sitzt; während sie aktiv sind, sind die „Dorf angreifenden Banditen", wie der Buddha die sechs äußeren Sinnesobjekte nannte, die Feinde des Geistesfriedens.

Vielleicht verschwindet das hua-tou aufgrund der Tendenz, einzuschlafen, oder es wird stumpf, wenn der Geist zur Ruhe kommt, aber seine Schärfe verliert. Es bedarf großer Kraft und unbegrenzter Geduld, um einen ungezähmten Geist zu bändigen. Es ist sicherlich nicht leicht, in der Chan-Halle zu verweilen oder die Buddhaschaft zu verwirklichen.

Wenn man jedoch das „Schatzschwert des Grünen Drachens“ (das zu einer rasiermesserscharfen Klinge kultivierte hua-tou) in die Hand nimmt, kann man umherschweifende Gedanken durchschneiden und schließlich die ursprüngliche Unwissenheit ausmerzen. In diesem Sinne leben die meisten fortgeschrittenen Mönche oft allein oder zu zweit in Einsiedeleien hoch über dem Kloster oder auf einem Bergplateau. Die Arbeitsstunden sind lang und die Disziplin übersteigt die Ausdauer mancher.

Langes Bemühen, sich auf „einen Gedanken“ zu konzentrieren, macht die Kultivierenden mit dieser Übung vertraut. Das englische Wort „contemplation“, das diskursive Nachdenken über Dinge, ist sehr weit von dem entfernt, was gemeint ist. Wenn ein Praktizierender über Dinge nachdenken würde, würde er sehr stark getadelt werden.

Nachdem man eine Weile in der Halle verweilt und andere Kultivierende kennengelernt hat, hört man gelegentlich von Menschen, die in der Lage sind, das hua-tou fest und unbeweglich zu halten, den Gedankenfluss zu stoppen, meditative Glückseligkeit zu erfahren, das Bewusstsein von Zeit und Atem zu vergessen, Erscheinungen von hellem Licht zu sehen, interessante, aber lästige geistige Bilder kommen und gehen zu sehen und in die Leere zu fallen ... Letzteres ähnelt dem chien-hsing (jap. kenshô) oder dem Sehen in die Wahre Natur. Echtes chien-hsing ist ziemlich selten. Es scheint, dass die koreanischen Chan-Meister das chien-hsing nicht annähernd so bereitwillig zertifizieren wie ihre japanischen Brüder. Man muss die Tatsache berücksichtigen, dass das japanische Rinzai-Zen das Koan-System (kung-an) von Hakuin Zenji verwendet, während Korea die chinesische Methode anwendet, die kung-an nicht verändert, es sei denn, sie sind unpassend. Dies gilt insbesondere im Falle eines kung-an wie Mu.

Nicht nur Chan-Mönche, sondern auch Laien werden gelehrt, sich an das hua-tou zu erinnern, wenn sie gehen oder sitzen, wenn sie kommen und gehen, wenn sie sich in der Buddha-Halle niederwerfen, wenn sie das Herz-Sutra rezitieren, wenn sie arbeiten, während der Mahlzeiten und sogar beim Waschen der Reisschale. Das heißt, zu jeder Zeit und an jedem Ort konzentriert sich der Meditierende auf das ‚Was?' Er ist bestrebt, das i-ching (Gefühl des Zweifels) hervorzubringen und zu durchbrechen. Wenn die Zweifel-Masse zerschlagen ist, wird der Dualismus transzendiert. Es gibt dann keine Gegensätze wie Selbst und Anderes; der Dualismus von Sein und Nichtsein wird als unwirklich angesehen. Dies ist der Moment, in dem sich die Welt der Erleuchtung öffnet. Sinnesobjekte, Sinnesorgane und die daraus resultierenden sinnesbasierten Bewusstseine werden als unwirklich und leer wahrgenommen.

Das Ego-Konzept löst sich auf und die sechs Kontaktgrundlagen werden nicht mehr von Einbildung beherrscht. Shunyata (Leerheit) wird erlangt. Welche Macht könnten dann der Tod und die ursprüngliche Unwissenheit haben? Woher könnten egoistische Gedanken und weltliche Gefühle, die das Karma und seine Bindungen bilden, jemals kommen? Ein alter Vers lautet:

> „Strebt man die Höchste Erleuchtung an,
> sollte man immer
> einen ausgeglichenen Geist bewahren.
> Wenn man Unterscheidungen trifft
> – Vorlieben und Abneigungen –,
> ist der Weg weiter weg und das Karma schwerer."

Der Chan-Meister wohnt in seinem Quartier auf dem nahegelegenen Hügel, und Chan-Schüler können ihn jederzeit besuchen und Fragen stellen, wozu sie auch ermutigt werden. Anfänger kommen mit Fragen zur Praxis und zum Sitzen; erfahrene Kultivierende kommen, um ihre Meditation und Einsicht mit der des Meisters zu vergleichen. Die meisten nähern sich persönlichen Gesprächen mit Angst, sind schüchtern und zögern zu sprechen, aber diese Gespräche sind manchmal lebhaft und temperamentvoll. Der Meister zögert nicht, seinen Stab zu benutzen, wenn er das Gefühl hat, ein rechtzeitiger Schlag sei nützlich. Wenn jemand auf dem Gelände herumläuft oder durch eine Tür eintritt, ohne das hua-tou lebhaft zu halten, kommt es vor, dass der Meister hinter dem verträumten Übeltäter auftaucht und ihm einen Schlag mit dem Stab oder der Faust versetzt. Während der Mahlzeiten oder wenn die Mönche den Speisesaal verlassen, hat er die Angewohnheit, die Versammlung zu überprüfen, denn er kann erkennen, wer die Chan-Arbeit vergisst.

Während seines Dharma-Vortrags schlägt der Chan-Meister häufig seinen knotigen alten Holzstab gegen das Podium und sagt: „Ihr hört diesen Klang: Was hört?"; und indem er den Stab über den Kopf hebt, verlangt er: „Ihr seht diesen Stab: Was sieht?" Nach einer Pause fügt er hinzu: „Obwohl er weder Geist, noch Buddha, noch ein materielles Objekt ist, existiert er doch. Wenn es nur das leere Nichts gäbe, was wäre dann fähig zu diesem Hören oder Sehen? Was ist es?" Da Sehen und Hören Funktionen der Geist-Essenz sind, sitzen die Kultivierenden einfach still und wenden die Fähigkeiten des Sehens und Hörens nach innen, um die Selbst-Natur wahrzunehmen oder zu hören. Geist und Buddha sind nicht zwei, sondern nur Bezeichnungen für „dies", was die erleuchteten Meister geprägt haben; das, wovon sie sprechen, bleibt für immer jenseits der Worte.

Meister Kusan hat als Erbe der koreanischen Linie vom Chogye-Berg und als Dharma-Nachfolger von Meister Hyo Bong die Verantwortung, all jene, die den Buddhismus praktizieren, daran zu erinnern, dass alle Wesen in einer unsicheren Welt leben, die ständigem Wandel unterworfen ist und die von Natur aus nicht völlig zufriedenstellend sein kann. Sobald dies erkannt und die Chan-Schulung aufgenommen wurde, liegt es in seiner Verantwortung, sie anzuleiten und einen Nachfolger für seinen Dharma zu finden. Die

Anleitung, die in Form der folgenden formalen Dharma-Diskurse gegeben wird, ist das Herz und der Höhepunkt seiner Lehre. Die Themen, die in der ersten Hälfte dieses Buches behandelt werden, sind das, was er den „toten“ Teil seines ererbten Dharmas nennt. Wenn man aus dem Großen Traum erwacht ist und den todlosen Zustand persönlich gekostet hat (in dem man wahre Glückseligkeit, wahre Beständigkeit und wahre Persönlichkeit findet), ist man in der Lage, andere zum „fernen Ufer“ zu führen. Man mag zwar erleuchtet sein, aber wenn man etwas erlangt hat, sind Ausbildung und Verwirklichung unvollständig. Warum ist das so? Weil Haben oder Nichthaben, Gewinn und noch-nicht-gewonnen, zwei Gegensätze einer Dualität sind, die nur in dieser relativen Welt der Erscheinungen relevant ist. Die Dualität hat im Letzten keinen Platz. Aus diesem Grund sagten die Alten: „Alles, was durch das Eingangstor eintritt, kann nicht zum Familienschatz werden.“ Ein alter Meister meinte, dass, wenn man getäuscht wird, die Täuschung vollständig ist.

Dies war als Warnung für diejenigen gedacht, die sich in halbwegs erleuchteten Stadien befinden. Nach der Erleuchtung fördert das Mitgefühl für andere die eigene Arbeit für die Befreiung und den Nutzen aller anderen.

Was das intellektuelle Studium des Dharma betrifft, so studieren die meisten die Sutras, bevor sie die Chan-Halle betreten, in der das Lesen nicht erwünscht ist. Alle haben jedoch ein paar Lieblingswerke bei sich, meist Aufzeichnungen und Reden früherer Meister.

Die folgenden Vorträge werden alle vierzehn Tage am Tag nach dem Bad, der Kopfrasur und dem Waschen der Kleidung gehalten. Der Inhalt dieser Vorträge ist kaum theoretisch, sondern eher symbolisch und drückt den Chan-Gedanken in einer idealen Weise aus. Dennoch werden nur diejenigen, die begonnen haben, ein persönliches Verständnis zu erlangen, indem sie den unterscheidenden Verstand ablegen, in der Lage sein, ihn zu schätzen. Die Meister von heute und gestern machten den größten Gebrauch von Wortspielen. Der Satz des chinesischen Meisters Hui Hai „Die meisten Menschen sind wie verrückte Hunde, die den Wind anbellen, der zwischen den Bäumen und wilden Gräsern weht“ ist ein hervorragendes Beispiel. Auch wenn das Erwachen noch aussteht, können diejenigen, die eine gewisse Grundlage in der buddhistischen Literatur haben und mit dem Chan-Ansatz vertraut sind, beginnen, ein wenig von dieser Lehre zu verstehen. Für viele mag sie jedoch unverständlich bleiben.

Am Morgen von Voll- und Neumondtagen wird das Pratimoksha (Ordensregeln) rezitiert und/oder die Bodhisattva-Gelübde gesungen, und nach dem Mittagessen werden die formellen Dharma-Vorträge gehalten. Wenn diese Vorträge beendet sind, kehren alle in die Chan-Halle zurück und fahren mit den drei Schulungen (Sila, Samadhi und Prajna) und dem Kampf um Einsichtswissen und einen klaren, unbefleckten Geist fort, der sie in die Lage versetzt, alle fühlenden Wesen zu retten.

Winter- Meditationsklausur 1975-76

Erste Vorlesung

Nachdem er den Dharma-Sitz bestiegen und in alle vier Richtungen geblickt hatte, sagte der Meister: „Heute ist der Beginn dieser dreimonatigen Klausur. Beabsichtigt jeder von euch tapferen Männern in der Versammlung, diese Klausur durchzuziehen? Diejenigen von euch, die mit dem Dharma-Auge ausgestattet sind, sollen sprechen! Was ist ein außergewöhnlicher Mensch (ein erwachter Geist)?“ Die Versammlung blieb still. Nach einer Pause sagte der Meister: „Die Orangen von Jeju-do und die Äpfel von Daegu: Wisst ihr, wohin sie fallen? Eine Pille goldenen Zinnobers (die Medizin der Unsterblichen) verschlingt alle Dharma-Bereiche und verströmt viele wunderbare Manifestationen. Jeder ist Vairocana. Alles ist ein Vorrat an Blumen (in denen der Sambhogakaya, der himmlische Körper des Buddha wohnt). Versteht ihr das? Ihr müsst so kühn sein wie jemand, der versucht, die Augenbrauen eines lebenden Tigers oder die Schnurrhaare eines fliegenden Drachens zu packen; dann werdet ihr es wissen.

Ein Gedicht sagt:

‚Ein außergewöhnlicher Mensch erstreckt sich schließlich in alle horizontalen und vertikalen Richtungen. Selbst wenn ein eisernes Rad seinen Kopf zermalmt, würde er sich nicht fürchten. Zehntausend Bäume aus Gold und Jade bereichern eine verlassene Insel; eine ihrer duftenden Früchte stoppt das Gefühl des Durstes.‘

Obwohl dies der Fall ist, können wir, wenn wir in einem Gedanken plötzlich (Samsara) transzendieren, die Buddhas und Patriarchen ergreifen und besiegen. Wir können in Freiheit herumspielen. Warum sollte dies eine Menge Zeit in Anspruch nehmen? Ist die Befreiung noch nicht erreicht, müssen wir unser eigenes kung-an sorgfältig untersuchen. Wenn wir die Grenzen der Vergangenheit und der Zukunft durchbrechen, wird nur die Masse des Zweifels sichtbar bleiben. Wenn während aller vierundzwanzig Stunden des Tages, von Augenblick zu Augenblick, der Zweifel nicht verdunkelt wird, werden wir allmählich in wunderbare Zustände eintreten. In diesem Moment können wir weder greifen noch ablehnen; es gibt kein Oben oder Unten. Mit einem Messerstich schneiden wir die Zweifelsmasse entzwei, und schließlich wird der Geist enthüllt.

Subtile Ströme von Verunreinigungen werden nicht plötzlich gestoppt; deshalb müssen wir zu diesem Zeitpunkt (wenn der Zweifel geronnen ist) die beiden Zeichen, Geburt und Tod, auf unsere Stirn einbrennen. Der Körper wird wie ein Stein, der an den Straßenrand gerollt ist; der Geist ist wie eine scharfe Klinge, auf der ein vom Wind verwehtes Haar gespalten wird. Wir vernachlässigen unseren Schlaf und vergessen das Essen. Wir haben keine Angst davor, in die Leere zu fallen, und vertiefen die Schattierung des Zweifels, die auf dem kung-an liegt. Wir arbeiten intensiv weiter. Wenn wir eine bis drei Wochen lang auf diese Weise weiterarbeiten können, werden unser Geist und die Wahrheit plötzlich ineinandergreifen; wir werden die Ursache und die Bedingungen der Großen Sache (Geburt und Tod) verstehen und keine Zweifel mehr an den Zungenspitzen der Menschen haben (d. h. die Worte der Erleuchteten). Wie könnten wir da nicht glücklich sein? Obwohl es ein solches Erwachen gibt, müssen wir so bleiben, als ob wir taub und dumm wären (d. h. offen, ungebunden an die Errungenschaft), und zu den erleuchteten Meistern gehen. Nachdem wir von diesen Lehrern auf Wahrheit oder Falschheit, Untiefe oder Tiefe unseres Erwachens geprüft worden sind, verstehen wir das, was wir noch nicht vollständig verstanden haben; wir folgen dem Strom, gelangen zum Wunder und werden an allen Orten zum Meister. Wir sind Manjusri inmitten der Versammlung auf dem Geiergipfel, und Samantabhadra im Inneren des Turms von Maitreya.

Ein Gedicht sagt:

> ‚Mit einem Faustschlag strecken wir den Gipfel des Berges Sumeru nieder und errichten den Palast des Dharmakönigs der Drachenblume. Das Opfer von Kasyapa ist nicht schwer zu bewerkstelligen. Wir bringen allen im Großen Ozean der zehn Richtungen Opfergaben dar.‘“

Der Meister gab einen Schrei von sich und stieg vom Dharma-Sitz herab.

Zweite Vorlesung

Der Meister bestieg den Dharma-Sitz und sagte: „Jeder besitzt ursprünglich das Dharma-Siegel des Ungeborenen; warum sucht ihr also noch danach? Habt ihr es schon verwirklicht? Jeder Mönch, der das Dharma-Auge besitzt, möge sprechen! Was ist es?“

Nach einer Pause sagte der Meister:

„Die Sonne durchquert diese verblendete Welt; ihre goldene Farbe scheint überall. Versteht ihr das?

Geburt-und-Tod ist eine wichtige Angelegenheit; Vergänglichkeit ist schnell. Warum nicht das Ungeborene erfahren? Obwohl wir von Vergänglichkeit sprechen, müssen wir sterben, wenn wir nach Leben streben; aber wenn wir uns für den Tod entscheiden, werden wir leben. Diese Versammlung, die jetzt hier anwesend ist, muss sich mit einem zum Tod entschlossenen Geist bemühen und mit einem Schlag die Masse der Zweifel in zwei Hälften teilen und die Buddhas und Patriarchen übertreffen. Ist ein solcher Mensch nicht ein außergewöhnlicher Mensch?

Ein Gedicht sagt:

‚Wir sind ursprünglich hervorragende Menschen, aber seit unzähligen Zeitaltern sind wir den Bedingungen gefolgt und in den Strom des Verlangens gefallen. Wenn wir an einem Morgen unser durch Unwissenheit erzeugtes Karma vollständig auslöschen können, wird mitten in der Nacht die goldene Krähe über den Himmel ziehen.‘

Ich werde wieder einige überflüssige Erklärungen geben (wörtlich: einer Schlange Füße hinzufügen). Hsueh Feng erklärte seinen Schülern einmal: ‚Neben einem Reiskorb sitzen unzählige hungernde Menschen. Am Meeresstrand sitzen unzählige Menschen, die verdursten.‘ Hsuan Sha sagte: ‚In einem Reiskorb sitzen zahllose hungernde Menschen. Es gibt unzählige Menschen, die verdursten, obwohl ihre Köpfe ins Meer getaucht sind.‘ Yun-men sagte: ‚Der ganze Körper ist Reis und der ganze Körper ist Wasser.‘

Im Gedicht von Chih Fei Tzu heißt es:

‚Im Meer fragst du andere, wo du Trinkwasser findest; unwissend zu verdursten – ist das nicht erbärmlich? Wenn du dein ursprüngliches Gesicht immer noch nicht kennst, nachdem du deine Strohsandalen abgenutzt hast, wo wirst du dann suchen?‘

Heute ist dieser Bergmönch (Kusan) nicht dieser Meinung. Meine Verse lauten:

Der Reiskorb und das Meerwasser sind unser ganzer Körper. Wenn wir an Hunger oder Durst sterben – was ist der Grund dafür? Wir haben uns von unserer ursprünglichen Natur abgewandt, also plädiert nicht dafür, draußen nach ihr zu suchen. Nachdem wir das kostbare Juwel vollständig freigelegt haben, erkennen wir es nicht als kostbar.

Denkt darüber nach!“

Dann erhob sich der Meister von seinem Platz.

Dritte Vorlesung

Der Meister bestieg den Dharma-Sitz, schlug drei Mal seinen Stab an und sagte: „Das Sutra der Vollständigen Erleuchtung besagt: ‚Grenzenloser Raum ist das, was durch Erleuchtung manifestiert wird.‘ Ihr Mönche, die ihr mit dem Dharma-Auge ausgestattet seid, sprecht! Was ist eure ursprüngliche Natur vor der Manifestation des Raumes?“

Nach einer Pause schlug der Meister seinen Stab gegen die Dharma-Plattform und sagte: „Dieser eine Stab durchdringt das ganze Dharma-Reich. Kennt ihr die Stelle, an der er aufschlägt?

Ein Gedicht sagt:

‚Mit einem Schlag gegen diese Plattform wird die große Erde geweitet: Die Berge sind hoch, das Meer ist weit, und das ganze Universum wird durchdrungen. Wie die duftende Orchidee und der grüne Bambus, die trotz des Schnees gedeihen, kann man (nachdem man viele Mühen ertragen hat) stolz auf die Krone des Dharma-Körpers von Buddha Vairocana treten.‘

Lasst mich noch einmal den Weg erklären, den die Alten gegangen sind. Der Meister Hsueh Feng sagte zu seiner Versammlung: ‚Das hier anwesende ‚Ich‘ ist wie ein alter Spiegel. Wenn ein Fremder kommt, erscheint ein Fremder in ihm. Wenn ein Chinese kommt, erscheint ein Chinese darin. Ein Mönch fragte dann: ‚Wenn wir plötzlich auf einen glänzenden Spiegel stoßen, was dann?‘ Hsueh Feng erwiderte: ‚Sowohl der Fremde als auch der Chinese sind darin verborgen.‘ Dann sagte ein anderer Mönch, Ta Chueh Lien, in einem Gedicht:

‚In der grenzenlosen Helligkeit zweier Spiegel, die sich gegenüberstehen, wird das Kommen und Gehen des Ausländers und des Chinesen völlig verborgen sein. Es ist nicht richtig, dass er (Hsueh Feng) über diese unveränderliche Wahrheit sprach. Dieser aufdringliche persische Musiker hatte eine starke, betrügerische Natur.‘

Heute ist dieser Bergmönch nicht der gleichen Meinung. Mein Gedicht sagt:

> Der Mond in der Neumondnacht ist sehr hell und klar. Ruhig leuchtet das Absolute Licht von den alten Tagen bis heute. Ich frage euch nun: Wie kommt das? Alle materiellen und immateriellen Dinge und alle Aspekte der Natur sind in voller Übereinstimmung mit der absoluten Wahrheit.

Denkt darüber nach!“

Der Meister schlug drei Mal seinen Stab an und stieg vom Dharma-Sitz herab.

Vierte Vorlesung

Der Meister bestieg den Dharma-Sitz und sagte: „Da heute die Hälfte der Winter-Meditationsklausur erreicht ist, möchte ich die Augen der Versammlung untersuchen. Die ganze Erde ist mein Auge. Also sprecht! An welchem Ort könnt ihr Meister über euer Schicksal in Geburt und Tod werden?“

Die Versammlung blieb still. Dann schlug der Meister seinen Stab gegen den Dharma-Sitz und sagte: „Wenn ihr ein Stück Ziegelstein nehmt und es an die Stelle eures Auges setzt, werdet ihr den Ort erkennen.

Ein Gedicht sagt:

‚Vor einer Klippe singt eine hölzerne Frau vom Ungeborenen. Ein Steinmann spielt inmitten von Feuer auf einer Flöte. Die Wolken haben sich verzogen, der Wind ist leicht, dies ist ein Ort der Reinheit und Stille. Der ganze Berg ist mit verdorrten Bäumen bedeckt, aber der Schnee ist hell.‘

Lasst mich noch einmal den Weg erklären, den die Alten gegangen sind. Ein Mönch fragte Meister Hsueh Feng: ‚Was ist der erste Satz?‘ Hsueh Feng blieb stumm. Danach ging der Mönch zu Chang Sheng, der sagte: ‚Das war der zweite Satz.‘ Der Mönch kehrte zum Meister zurück, der ihn erneut zu Chang Sheng gehen und ihn befragen ließ. Chang Sheng rief nun aus: ‚O Himmel, o Himmel!‘

Ein anderer Mönch, Chiang Shan Chuan, sagte in einem Gedicht:

‚Dieser erste Satz ist der, den selbst der Buddha und die Patriarchen nicht kennen. Über diese Worte von Chang Sheng hat der alte Meister Hsueh Feng vergeblich nachgedacht. Der zweite Satz ist äußerst bedauernswert. Die unkrautartigen Knochen (wandernde Gedanken) sind bereits verrottet. Warum war es nötig, ‚O Himmel‘ zu rufen?‘

Heute ist dieser Bergmönch nicht dieser Meinung. Mein Gedicht lautet:

Hsueh Fengs Schweigen war die zweite Phrase. Chang Shengs ‚O Himmel' fiel in die dritte Phrase. Wenn wir das tiefe Tal aus der Ferne betrachten, sieht der Schnee wie Tausende von Felsen aus. Der Nordwind kühlt die Knochen, doch die Orchideen blühen.

Denkt darüber nach!"

Dann stieg der Meister vom Dharma-Sitz herab.

Fünfte Vorlesung

Der Meister bestieg den Dharma-Sitz, schlug drei Mal seinen Stab an und sagte: „Das Leiden der Drei Gifte (Gier, Hass und Verblendung) ist wie das in einem brennenden Haus. Wie können wir es selbstgefällig ertragen? Wenn wir wahres Glück erlangen wollen, gibt es nichts Besseres, als unseren eigenen Geist zu verstehen. Wenn wir das ‚Wahre Ich' nicht begreifen, was für ein Leiden ist das! Wie können wir dann unsere Beine ausstrecken und ruhig schlafen? Möge die Versammlung sprechen! Was ist das ‚Wahre Ich'?"

Nach einer Pause sagte der Meister laut: „Der Schnee, der herabschwebt, füllt den Himmel aus; er fällt nicht irgendwo anders hin. Versteht ihr das? In einem Gedicht heißt es:

‚Die große Leere manifestiert sich auf der Spitze eines Haares. In diesem Moment werden zahllose Samadhis (Versenkungen) kultiviert. Sagt nicht, dass der Buddha und die Patriarchen im Westen bleiben. Die Drei Welten sind ursprünglich Goldene Länder.‘

Obwohl es überflüssig ist, werde ich weitere Erklärungen geben. Einst fragte ein Mönch Hsueh Feng: ‚Wie können wir dem Heiligsten und Kostbarsten nahe kommen?‘ Der Meister antwortete: ‚Selbst diejenigen, die mit ihrer Praxis fertig sind, finden es schwierig, sich ihm zu nähern.‘ Der Mönch fragte: ‚Wenn wir die Leerheit des Egos verwirklichen können, können wir ihm dann nahe kommen?‘ Meister Hsueh Feng antwortete: ‚Wenn wir der uns aufgetragenen Lebensaufgabe folgen, können wir es erreichen.‘ Der Mönch fragte weiter: ‚Wenn wir sie einmal verwirklicht haben, was ist dann? Wie ist das?‘ Der Meister sagte: ‚Hornissen sehnen sich nicht nach ihren alten Nestern.‘

Ein anderer Meister, Ta Hung En, meinte, dass Hsueh Feng großartig sei, aber dass die gerade zitierten Worte keinen großen Wert besäßen. ‚Ein Satz ist kalt wie Eis. Ein anderer Satz ist heiß wie Feuer. Ich, Ta Hung, sage es nicht auf diese Weise. Wenn wir fragen, wie wir diesem heiligsten und kostbarsten Ding nahe kommen können, dann waren wir ihm in allen kalpa der Vergangenheit, Gegenwart und Zukunft bereits nahe. Wenn wir sagen, dass wir uns ihm durch die Leere des Egos nähern können, sind wir einhundertachttausend Meilen davon entfernt.

Ich werde das Tabu des Landes nicht übertreten und würde mir eher die Zunge abschneiden, als so etwas zu sagen.‘

Ich, Kusan, sage das nicht so. Die Worte von Meister Hsueh Feng sind wie Dachziegel, die zerbrochen werden, wenn das Eis schmilzt. Und Ta Hungs Worte sind wie ein Bogen, den man spannt, nachdem die Räuber weg sind.

Wenn mich ein Mönch gefragt hätte, wie man dieses heiligste und kostbarste Ding erreicht, hätte ich ihm drei Mal mit meinem Stab auf den Rücken geschlagen. Hätte er es nicht auf der Stelle begriffen? Zur zweiten Frage (bezüglich der Leerheit des Egos): Wenn ihr dieses Stadium erreicht, bleibt nicht in einem Muster stecken. Zur dritten Frage (wie es nach der Erleuchtung ist): Wenn der Frühling über Himmel und Erde kommt, gibt es keinen Ort, an dem nicht Blumen blühen.“

Die Versammlung dachte eine Zeit lang schweigend darüber nach, dann trug der Meister ein Gedicht vor:

> „‚Weil dieses Drei-Fuß-Schwert der Weisheit wie ein Blitz leuchtet, verlieren die Geister und wilden Füchse ihren Mut. Der Schnee, der sich auf dem Lande sammelt, verwandelt es in eine Welt aus Silber und lässt die Bäume des ganzen Berges wie Korallen erscheinen.‘“

Der Meister schlug drei Mal seinen Stab an und stieg vom Dharma-Sitz herab.

Sechste Vorlesung

Der Meister bestieg die Dharma-Plattform, schlug seinen Stab drei Mal dagegen und sagte: „Dieses Eine Ding ist das Heiligste und Kostbarste aller Dinge und das Einzige, das alle Götter der Dreifachen Welt mit Respekt verehren. Wenn ihr noch nicht zu ihm durchgedrungen seid, wird der Kaiser Yama (der Herr des Todes) euch nicht freilassen. Sprecht also! Wie wollt ihr am dreißigsten Tag des zwölften Monats Yamas eisernem Knüppel entgehen?“

Nach einer Pause schlug der Meister seinen Stab gegen den Dharma-Sitz und sagte: „Das Feuer des Zweifels schießt zum Himmel empor; es verbrennt den Himmel und versengt die Erde. Wo die Erde einem gespannten Bogen gleicht, sind alle Dinge ein Blumenladen. Dort werden wir im Frieden des Geistes verweilen.

Ein Gedicht lautet:

> ‚Fische mit einer Rute aus Kaninchenhorn nach dem Mond am Himmel. Schlage am Neumondtag um Mitternacht die Mittagsglocke. Das starke Elixier der drei Berge hat sich bereits in Gift verwandelt. Alle fühlenden Wesen der Sechs

Reiche kehren zur vollkommenen Verschmelzung zurück.‘

Einst fragte ein Mönch den Nationallehrer Bojo: ‚Welches Mittel sollte angewendet werden, damit wir in einem Gedanken zur Quelle der Potentialität zurückkehren und die Selbst-Natur erkennen können? Es wurde gesagt, dass der überlegene Mensch, wenn er den Dharma hört, leicht versteht; aber diejenigen mit mittleren und geringeren Fähigkeiten sind nicht ohne Zweifel und Verwirrung. Kannst du ein Mittel anbieten, um die Verblendeten zu führen?‘ Meister Bojo antwortete: ‚Der Weg ist nicht mit Wissen verbunden. Du solltest den Geist loswerden, der verblendet auf die Erleuchtung wartet. Hör mir zu. Weil Phänomene wie ein Traum und wie falsche Verwandlungen sind, sind verblendete Gedanken und die Sinnessphären ursprünglich nichtig. An dem Ort, wo alle Dharmas nichtig sind, ist der erleuchtete Geist nicht dunkel. Das heißt, dieser leere und dennoch erleuchtete Geist ist dein ursprüngliches Gesicht und auch das geheime Dharma-Siegel, das von den Buddhas der drei Zeitperioden, der Linie der Patriarchen und Lehrer und den Weisen dieser Generation überliefert wurde. Wenn du diesen Geist erweckst, dann ist es wirklich das, was ‚nicht über Stufen dorthin gehen‘ genannt wurde; du kannst direkt zum Land der Buddhaschaft aufsteigen, und jeder Schritt wird die Dreifache Welt transzendieren. Wenn du nach Hause zurückgekehrt bist, werden deine Zweifel augenblicklich beseitigt, und du wirst der Meister von Menschen und Göttern. Jeden Tag kannst du zehntausend Pfund Gold verwenden (ohne Schulden zu machen). Wenn du so werden kannst, bist du wahrhaft ein großer Mann, und die Aufgaben dieses Lebens werden vollendet sein.' – In einem Gedicht heißt es:

> ‚Dieses Gerede der Buddhas und Patriarchen: Geht es um Erleuchtung? Wenn man ohne Ablenkung auf einen Punkt konzentriert ist, ist das der höchste Standard. Der Schnee füllt das Bodhimandala; der Wind ist ruhig. Weiße Hirsche leben in den Ausläufern; Vögel verweilen im See.'

Der Meister schlug drei Mal seinen Stab an und stieg von der Plattform herab.

Letzte Vorlesung

Der Meister bestieg die Dharma-Plattform und sagte: „Ein Gedanke kehrt zur Quelle der Potentialität zurück und die eigene wahre Natur wird gesehen. Lasst die Versammlung sprechen! Seid ihr zurückgekehrt zu diesem großen Potenzial? Wenn ihr noch nicht zurückgekehrt seid, wie könnt ihr dann sagen, es sei Freie Zeit (das Ende der formellen Meditationsklausur)? Nachdem wir durch diese Tür der Patriarchen eingetreten sind, sprechen wir nur darüber, unsere eigene Natur zu sehen. Wir sprechen nicht über Samadhi und Befreiung (denn sobald wir unsere eigene Natur sehen, kommen Samadhi und Befreiung von selbst).

Was ist so besonders daran, nur ein Mal am Tag zu essen oder sich nie zum Schlafen hinzulegen? Wir brauchen diese Art von Praxis nicht zu kultivieren. Wer begleicht die Schulden für die Nahrung, die wir essen?

Ein Gedicht sagt:

> ‚Sakyamuni und Maitreya sind die Diener von jemand anderem. Schätze nur wert, dass du zu deiner Quelle der Potentialität zurückkehrst und Leiden und leeres Leben überwindest. Transzendiere Schritt für Schritt die Geschwüre der dreifachen Welt. Die Welten der zehn Richtungen sind wie ein Verstreuen von Perlen.'"

Der Meister zitierte die Antwort des Nationallehrers Bojo auf eine Frage über zweckmäßige Methoden der Praxis und sagte: ‚Der Tathagata erschien um aller Wesen willen, die sich in falschen und pervertierten Ansichten verloren haben, und erklärte kurz einen kleinen Teil der Zustände von Verdienst und Tugend. Aber in Wirklichkeit ist der Tathagata weder erschienen noch verschwunden. Nur für denjenigen, der in Übereinstimmung mit dem Tao ist, sind Weisheit und ihre Objekte auf natürliche Weise verschmolzen und werden gründlich verstanden. Ein solcher Mensch produziert keine Ansichten wie das Erscheinen oder Verschwinden des Tathagata.

Während man damit beschäftigt ist, den Geist von seinen Verunreinigungen zu säubern, indem man die beiden Methoden von Samatha (ruhige Konzentration) und Vipasyana (Einsicht) anwendet, bleiben Emotionen und die äußeren Eigenschaften materieller Formen bestehen; dann sucht man das Tao mit der Ego-Sicht und wird niemals mit ihm vereint sein. Man muss sich auf weise Männer verlassen, seinen Stolz überwinden und einen respektvollen Geist entwickeln; nur dann können die eigenen Zweifel durch die Anwendung der beiden Methoden, Samatha und Vipasyana, zerstreut und die Bedeutung der Lehren der Vollendeten der Vergangenheit vollständig verstanden werden. Wie könnte man es wagen, dies übereilt zu tun? Das machte einen nur liederlich. Gelobt, diesen aufrichtigen Worten zu folgen, die diese Bedeutung erhellen. Verlasst euch nicht auf opportunistische und zweckmäßige Methoden.“

Der Meister stieg vom Dharma-Sitz herab.

Führung eines verstorbenen Geistes I

Nachdem er die Dharma-Plattform bestiegen hatte, schlug der Meister seinen Stab ein Mal auf die Dharma-Plattform und sagte: „Damit schlage ich die unzähligen karmischen Hindernisse aller fühlenden Wesen und zerstöre sie."

Wieder schlug er seinen Stab an und sagte: „Damit schlage ich zu und zerstöre jedes Klischee über die beispiellosen Leistungen der Buddhas und Patriarchen".

Er schlug den Stab ein drittes Mal an und sagte: „Damit entblöße ich das Urgesicht des heute verstorbenen Geistes. Sowohl die hier versammelten Mönche als auch du, verstorbener Geist: Versteht ihr das Prinzip dahinter?" Nach einer Pause sagte er:

„Die Wolken verstreuen sich über zehntausend Meilen, und der einsame Mond scheint von selbst.

Ein Gedicht sagt:

> ‚Der reine Dharma-Körper ist ohne Kommen und Gehen: Er entsteht und vergeht nicht und ist ständig in Frieden und Glück. Er ist leer und hell und leuchtet aus sich selbst heraus. Er ist ohne Hindernisse. Er reicht bis in die tiefste Finsternis und übersteigt alle Grenzen.'"

Das Diamant-Sutra zitierend, sagte der Meister: „‚Alle Eigenschaften sind leer und falsch; wenn du alle Eigenschaften als nicht charakterisierbar siehst, dann siehst du den Tathagata.‘ Aber ich würde es vorziehen zu sagen: Wenn du alle Eigenschaften und das, was nicht charakterisierbar ist, siehst, dann siehst du den Tathagata.“ Weiter sagte er: „Wenn man die sieben kostbaren Juwelen in den Billionen von Weltsystemen nimmt und sie als Opfergaben verwendet, oder, auf der anderen Seite, vier Sätze oder Strophen dieses Sutras empfängt und aufbewahrt, um es anderen zu erklären ... wird dieses Verdienst das des ersteren übertreffen.

Auch wenn das Verdienst, das für die Wiedergeburt als Mensch oder Deva erforderlich ist, nicht gering ist, kann man sich die Bedeutung von Bodhidharmas Kommen aus dem Westen nicht einmal im Traum vorstellen. Und warum? Weil, wenn die Wolken den weiten Himmel bedecken, die Sonne und der Mond nicht scheinen können.“

Der Meister schlug drei Mal seinen Stab an und stieg vom Dharma-Sitz herab.

Sommer-Meditationsklausur 1976

Erste Vorlesung

Nachdem er die Dharma-Plattform bestiegen hatte, sagte der Meister: „Die Alten meinten: ‚Ein Haar verschlingt den weiten Ozean, und ein Senfkorn enthält den Berg Sumeru.' Jeder von euch Mönchen, der das Dharma-Auge besitzt, möge sprechen! Versteht ihr die Bedeutung dieses Verses?"

Nach einer Pause – und keiner Antwort – sprach der Meister: „Eine rote Blume bringt den Frühling in die Dreifache Welt; ein Paar Pirole in einem Baumwipfel schmücken zehntausend Bäume.

Ein Gedicht lautet:

> ‚Es gibt Ein Ding, das ewig und geistig ist
> und das an allen Orten deutlich erscheint.
> Horizontal bedeckt es die vier Kontinente
> und vertikal umhüllt es den Himmel.
> Wie kommt es, dass Yang Pong Lae (梁蓬萊)
> den Geschmack von himmlischen Pfirsichen
> genießen konnte?
> Er selbst besaß den unbezahlbaren
> Edelstein des Ungeborenen.'

Über die Rolle von Großem Zorn, Großer Tapferkeit und Großem Zweifel in der eigenen Praxis heißt es in einem Gedicht:

‚Erforsche und erwache zur Wirklichkeit,
dann wird der Tathagata gesehen.
Wenn wir uns selbst betrügen
und auch andere täuschen,
sind wir mit Mara, dem Bösen, verwandt.
Wenn Kim Il Sung[4] nicht
so prahlerisch gewesen wäre,
wie hätte er im Koreakrieg
besiegt werden können?'"

Der Meister stieg von der Dharma-Plattform herab.

Zweite Vorlesung

Der Meister bestieg die Dharma-Plattform, schlug drei Mal seinen Stab an und sagte: „Ich wage es, diese Gemeinschaft von Mönchen in Frage zu stellen: Der Körper des Buddha füllt alle Dharma-Reiche. Diejenigen von euch, die das Dharma-Auge besitzen – sprecht! Habt ihr Rocana Buddha aus nächster Nähe gesehen?"

Nach einer Pause, in der niemand antwortete, sagte er: „Seine Augen sind horizontal und seine Nase vertikal. Sein gesamtes Potenzial manifestiert sich vollständig. Versteht ihr das? Wenn ihr in der Lage seid, dies zu verstehen, könnt ihr Hand in Hand mit den Buddhas und Patriarchen der drei Zeitepochen gehen. Aber diejenigen von euch, die das nicht verstehen, werden ständig vom mörderischen Teufel der

---

[4] Der ehemalige Führer Nordkoreas.

Unbeständigkeit angegriffen. Wie könnt ihr dann dem eisernen Knüppel von Kaiser Yama entkommen?

Ein Gedicht lautet:

‚Der Körper des Buddha füllt
die dreitausend Reiche.
Jeder ist ursprünglich Wahrheit;
es gibt niemanden, der nicht mit ihr vertraut ist.
Die Bäche, die durch die grünen Berge fließen,
polieren die Steine weiß.
In der Morgendämmerung wenden die Pirole
bei den Meditationssitzen das Dharma-Chakra.‘

Während der Tang-Dynastie arbeitete der chinesische Mönch Yen Tou in Han Yang als Fährmann auf dem Han-Fluss. Auf beiden Seiten des Flusses hängte er Schilder auf, auf denen stand: „MENSCHEN, DIE DEN FLUSS ÜBERQUEREN WOLLEN, SCHLAGEN DAS HOLZBRETT EIN MAL“. Eines Tages kam eine alte Frau mit einem Kind an und schlug auf das Brett. Der Meister war in seiner Strohhütte, kam, als er das Geräusch hörte, heraus und tanzte mit dem Ruder des Bootes. Die Mutter sagte: ‚Bitte hör auf, mit dem Ruder zu tanzen, und antworte mir. Woher kommt dieses Kind hier in meinen Händen?‘ Da schlug der Mönch die Frau mit dem Ruder.
Die Frau sagte: ‚Diese alte Frau hat sieben Kinder zur Welt gebracht, aber die anderen sechs haben nie jemanden getroffen, der diese Frage beantworten

konnte. Und dieses letzte kann ich nicht aufziehen.‘ Daraufhin warf sie es ins Wasser.

Ich frage euch nun: Was wäre die richtige Antwort gewesen, damit sie das siebte Kind nicht ins Wasser geworfen hätte? Wäre ich anwesend gewesen, hätte ich das Kind in meine Arme genommen und es gefragt: ‚Bist du Vairocana, der gekommen ist, Rocana, der gekommen ist, oder Siddhartha, der gekommen ist?‘ Der helle Mond und die kühle Brise kommen und gehen von selbst. Während ich das Baby schaukelte, hätte ich gesagt: ‚Ah, kostbares Kind!‘ Wie hätte da die alte Dame nicht lachen können?

Ein Gedicht lautet:

‚Ist es nicht bedauerlich,
  dass sie ihr eigenes Kind
in den Fluss werfen musste?
Er konnte die alte Frau nicht
  vor ihrem rasenden Verstand schützen.
Verdiene deinen Lebensunterhalt nicht damit,
dass du mit einem Ruder tanzt,
dich selbst betrügst
  und dein Leben ins Leere laufen lässt.
Die Wolken auf dem Berg und der Mond,
  der sich im Meer spiegelt,
ruhen sich aus, wie es ihnen beliebt.‘“

Der Meister schlug drei Mal seinen Stab an und erhob sich von seinem Platz.

Dritte Vorlesung

An die versammelten Mönche gewandt, sagte der Meister: „Ich wage es, die Gemeinschaft zu fragen: Könnt ihr den Vollkommenen Spiegel sehen, den jeder von Anfang an besessen hat? Wenn ihr das begreifen wollt, müsst ihr das Lackfass zerbrechen; dann werdet ihr den Dharmakaya sehen. Sprecht! Was ist es?“

Nach einer Pause sagte er: „Wenn ihr über den Jogye-Berg klettern und mit den Händen mit einer Perle im Ozean spielen könnt, dann werdet ihr ihn sehen können.

Ein Gedicht lautet:

> ‚Wenn wir den Weg praktizieren, während wir an die Form gebunden sind, ist das wie Träumen im Traum. Alle Arten von Leiden binden den Körper; dieser Weg der Unzufriedenheit ist endlos. Eines Morgens werden wir unsere Anhaftung an ‚ich‘ und ‚mein‘ ablegen. Welch ein Glück wird es sein, wenn unser Großer Weisheitsspiegel hell leuchtet wie die Morgensonne.‘

Einst sah der Chan-Meister Kao Ting Chien den Mönch Teh Shan auf der anderen Seite des Flusses; aus der Ferne legte er die Hände zur Begrüßung zusammen und sagte: ‚Hast du dich noch nicht erforscht?‘ Teh Shan winkte mit dem Fächer, den er in der Hand hielt, und Kao Ting Chien wurde plötzlich erleuchtet. Dann rannte er das Flussufer hinunter, ohne sich noch einmal umzudrehen.

Fa Chen Yi sagte: ‚Wie seltsam das ist! All diese tugendhaften Meditierenden, wie dieser Herausragende, sind sehr schwer anzutreffen. Der Knüppel des alten Teh Shan war immer in Gebrauch, als würde er Sterne säen; seine Schläge haben sicherlich einige gute Mönche hervorgebracht.‘ Heute wird dieser Bergmönch ein paar Worte an euch richten.“

Dann hob der Meister seinen Wedel und sagte: „Ist es dasselbe oder anders als bei Teh Shan, als er seinen Fächer schüttelte, wenn ich, Kusan, nun meinen Wedel hebe? Wenn ihr sagt, dass es dasselbe ist, bedecken die Wolken den klaren Himmel. Wenn ihr sagt, dass es anders ist, dann streicht der Wind über die Wasseroberfläche. Mönche, die mit dem Dharma-Auge ausgestattet sind, sprecht!“

Nach einer Pause schlug er mit seinem Stab auf den Meditationsplatz und sagte: „Mit einer Faust stoße ich den Berg Jiri um. Ich muss euch das erklären.

Ein Gedicht lautet:

> ‚Die Trauerweiden an den beiden Ufern sind grün wie Seide, der Flaum der Weide ist wie Daunenkugeln, die im Wind rollen. Für Falken ist es nicht schwer, die feinsten Haare zu erkennen. Teh Shan warf eine Nadel und Kao Ting Chien erwischte sie auf einem Senfkorn: Was für ein großes Wunder!‘

Ihr Mönche! Passt gut auf euch auf!“

Meister Kusan zitierte eine kurze Geschichte aus dem Buch „Verse über das Hochhalten der Blume“ des Nationallehrers Jin Gak und sagte: „Weil Ma-tsu die Gewohnheit hatte, oft in Meditation zu sitzen, nahm der Meister Huai Jang eines Tages eine Fliese und setzte sich vor die Einsiedelei und polierte sie. Ma-tsu fragte: ‚Warum polierst du eine Fliese?‘ Huai Jang antwortete: ‚Ich poliere sie zu einem Spiegel.‘ Ma-tsu fragte: ‚Wie kann man eine Fliese zu einem Spiegel polieren?‘ Huai Jang antwortete: ‚Wenn man eine Fliese nicht zu einem Spiegel polieren kann, wie kann man dann die Buddhaschaft erreichen, indem man in Meditation sitzt?‘ Ma-tsu fragte: ‚Wie ist das?‘ Der Meister sagte: ‚Wenn ein Ochsengespann einen Wagen zieht und der Wagen sich nicht bewegt, sollte man dann die Ochsen oder den Wagen schlagen?‘ An diesem Punkt wurde Ma-tsu erleuchtet.

Denkt gut darüber nach!“

Dann schlug der Meister drei Mal mit seinem Stab an und stieg hinab.

Vierte Vorlesung

Nachdem er die Dharma-Plattform bestiegen hatte, schlug der Meister drei Mal seinen Stab an und sagte: „Diese Versammlung jetzt und hier ist der Weg, der euch von diesem Ufer direkt zum anderen Ufer führen soll.

Gelobt, euch nicht zurückzuziehen, auch wenn man euch die Knochen aus dem Fleisch schneidet und das Mark zermahlt. Übt bis an die Grenze des Todes. Heute haben wir die Hälfte des Weges erreicht. Wie weit seid ihr auf diesem Weg gegangen? Diejenigen, die die Große Angelegenheit von Geburt und Tod verstanden haben, sollen uns etwas sagen!“

Nach einer Pause meinte er:

> Die Wolken zerstreuen sich über
>   zehntausend li[5],
> und die helle Sonne scheint allein.
> Alles ist Vairocana Buddha,
> und alles ist ein Vorrat an Blumen.

Nationallehrer Bojo hat in seinen ‚Geheimnissen über die Kultivierung des Geistes‘ empfohlen: ‚Geistige Klarheit und Ruhe müssen gleichmäßig gehalten

---

[5] Heute ca. 0,5 km.

werden; sowohl Samadhi als auch Prajna müssen als Paar kultiviert werden. Geistige Klarheit und Ruhe gleichmäßig zu halten, besteht zunächst darin, die Ruhe zu nutzen, um die aus den Bedingungen entstehenden Gedanken zu kontrollieren. Später wird die geistige Klarheit genutzt, um Weisheit zu entwickeln.

Die gleichzeitige Kultivierung von Samadhi und Prajna bedeutet, sich auf Samadhi zu verlassen, um Prajna zu entwickeln. Könnt ihr das vollständig verstehen? Wenn ihr nicht entsprechend der Realität antworten könnt, ist der Kontaktort von allem, was ihr seht, hört, fühlt und wisst, den Wechseln unterworfen. Was werdet ihr im Augenblick eures Todes tun? Im Nachhinein zu bedauern, was man jetzt nicht getan hat, wird nicht effektiv sein.

Wer würde darüber singen wollen, dass er in diesen sechs Bereichen des Daseins seinen Wohnsitz hat? Wenn durch die Entdeckung der wahren Natur das leere und ruhige geistige Verständnis vollständig erfasst wird, werden die Formen, die wir sehen, und die Klänge, die wir hören, alle wie Wellen sein, auf denen ein leeres Boot reitet. Wenn wir den Höhen und Tiefen, den Kurven und Geraden natürlich und in Freiheit folgen können, wie könnten wir dann nicht glücklich sein?

Einst nahm ein Hofmeister des Gouverneurs der Provinz Mu Chou, Chen Tsao, während einer Mahlzeit mit einem Mönch einen Kuchen in die Finger und fragte: ‚Gibt es das auch in Chiang Hsi und Hu Nan?' Der Mönch fragte: ‚Was esst Ihr?' Der Beamte antwortete: ‚Wenn ich den Gong anschlage, erklingt sein Echo.'

Chiang Shan Chuan sagte in einem Gedicht:

> ‚Der Tee und der Reis, die täglich in den Häusern gegessen werden, sind nicht sehr raffiniert. Wenn wir ein Messer fest in der Hand halten, das sogar ein Haar schneiden kann, können wir auch Unannehmlichkeiten abtrennen. Treffen wir einen Besucher aus der Sekte eines Patriarchen, ist es, als ob wir Nachrichten aus 108.000 Meilen Entfernung erhalten.'

Ich persönlich würde es vorziehen zu sagen:

Wenn der Tee und der Kuchen,
  die wir täglich essen,
nicht begehrt würden,
wer könnte die Bedeutung
der Idee von Chen Tsao verstehen?
Wenn das Gleichgewicht
der Myriaden von Welten stabilisiert ist,
wird Sakyamuni Buddha
  im Haus von Maitreya warten."

Der Meister schlug drei Mal seinen Stab an und stieg herab.

Fünfte Vorlesung

Der Meister bestieg die Dharma-Plattform, schlug drei Mal seinen Stab an und sagte: „Ich wage es, diese Versammlung zu fragen: Wer von den Anwesenden kann das Goldene Siegel des Buddha Vairocana empfangen und benutzen? Wenn es hier jemanden gibt, soll er versuchen, es mir zu zeigen."

Nach einer Pause ohne Antwort sagte der Meister: „Wenn ihr das goldene Siegel hochhaltet, hören Sonne und Mond auf zu scheinen; wenn ihr es hinlegt, sind Himmel und Erde ohne Form. Versteht ihr das? Dieses Eine Ding, ob in einem Heiligen oder einem gewöhnlichen Menschen, ist ohne den Hauch eines Unterschieds; warum könnt ihr es also nicht begreifen?

Ein Gedicht lautet:

‚Die Hitze des Sommers ist
  noch ein wenig mehr gestiegen
und füllt Welten so zahlreich
  wie der Sand des Ganges.
Die Gräser und Bäume des Waldes
sind alle ein Gürtel von einer Farbe.
Wenn jemand wissen möchte,
  was der Grund für die Ur-Quelle ist,
muss er lediglich Nachforschungen anstellen
um hundert unbegreifliche Dinge zu erfahren.'

Damit ist der heutige Dharma-Vortrag beendet. Es folgt eine Geschichte, die sich auf die buddhistische Kosmogonie bezieht.[6]

Ein Mönch fragte den Meditationsmeister Ta Sui Fa Chen aus der Präfektur I Chou: ‚Ich bin mir immer noch nicht sicher, ob in dem verschlingenden Feuer am Ende eines kalpa, wenn alle Welten vernichtet sind, dieses Ding (der Geist) auch vernichtet wird oder nicht?‘ Der Meister sagte: ‚Ja, es wird vernichtet.‘ Der Mönch fragte: ‚Müssen wir es in diesem Fall bis zur Vernichtung begleiten?‘ Der Meister sagte: ‚Ja, ihr müsst es begleiten.‘ Der Mönch ging und stellte einem anderen Mönch, Hsiu Shan Chu, die gleiche Frage. Hsiu antwortete: ‚Es ist nicht ausgelöscht.‘ Der Mönch fragte: ‚Warum ist es nicht ausgelöscht?‘ Hsiu antwortete: ‚Weil es dasselbe ist wie die Welten.‘

Chih Men Tsos Gedicht besagt:

---

[6] Am Ende einer absteigenden *kalpa*-Periode kommt es im Raum zu einem dreifachen Unglück zwischen den Elementen Luft (Bewegung), Feuer (Hitze) und Wasser (Zusammenhalt), und die Welten werden erzeugt. Zu Beginn beträgt die menschliche Lebensspanne 84.000 Jahre, aber mit abnehmendem *kalpa* nimmt die menschliche Lebensspanne alle hundert Jahre um ein Jahr ab, bis sie bei zehn Jahren ihren Tiefpunkt erreicht. Dann nimmt sie in der aufsteigenden *kalpa*-Periode jedes Jahrhunderts um ein Jahr zu und erreicht ihren Zenit wieder bei 84.000 Jahren. Nachdem sie zwanzig vollständige Zyklen des kombinierten Niedergangs und Aufstiegs durchlaufen hat, folgt eine weitere schwere Katastrophe, da das Feuer am Ende eines *kalpa* alle Reiche der Form, der Formlosigkeit und des sinnlichen Verlangens zerstört.

‚Hüte dich davor, es zu begleiten,
ohne es verstanden zu haben.
Diese Worte von Ta Sui
lösen die Grenzen des Himmels auf.
Wenn in der wahren und reinen Ur-Natur
noch ein Gedanke übrig ist,
ist es genau wie früher,
als es Tausende von Diskriminierungen gab.‘

Heute ist dieser Bergmönch nicht der gleichen Meinung. Wir müssen diese beiden Sprüche der alten Meister, ‚es ist vernichtet‘ und ‚es ist nicht vernichtet‘, je nach Fall diskutieren, denn diese Antworten sind wie ein Schatten oder ein Echo.

Wenn mich jemand fragen würde, würde ich sagen, dass es richtig ist, zu behaupten, ‚es ist ausgelöscht‘, und auch richtig, zu behaupten, ‚es ist nicht ausgelöscht‘. Wenn wir dies mit Worten diskutieren, sind wir völlig an Träume gebunden. Gold und Kupfer-Essenz haben die gleiche Farbe, wer kann sie unterscheiden? Wie können wir in der Glut, die das kalpa beendet, nach ‚Osten‘ und ‚Westen‘ fragen?

Folgende zehn fehlerhafte Methoden des Nachdenkens über das kung-an ‚Mu‘ wurden von Nationallehrer Bojo aufgelistet:

‚Erstens: Versteht es nicht als Ja oder Nein.

Zweitens: Geht nicht davon aus, dass Mu ein wirkliches Nichts ist.

Drittens: Betrachtet es nicht in Bezug auf die Theorie.

Viertens: Betrachtet es nicht als ein Objekt des Denkens, über das auf der Bewusstseinsbasis nachgedacht werden kann.

Fünftens: Wenn der Meister die Augenbrauen hochzieht oder mit den Augen zwinkert, denkt nicht, dass er Hinweise auf die Bedeutung des kung-an gibt.

Sechstens: Erfindet keine Strategeme für die Lösung des kung-an durch den Gebrauch von Sprache.

Siebtens: Schwebt nicht unter dem Helm der Unbekümmertheit (d. h. treibt nicht in der Leere).

Achtens: Versucht nicht, das kung-an an dem Ort zu erforschen, an dem der Geist sich erhebt, um sich der Sinnesobjekte bewusst zu werden (d. h. verwandelt den Zweifel, den das kung-an hervorruft, nicht in einen Zweifel darüber, wer oder was der Geist ist, der sich der äußeren Sinnessphären bewusst ist).

Neuntens: Sucht die Erklärung nicht im Wortlaut des kung-an.

Zehntens: Haltet euch nicht an einem verblendeten Zustand fest, in dem ihr ohne Energie und ohne kung-an sitzt und einfach nur auf die Erleuchtung wartet.

Sinnt darüber nach!“

Der Meister schlug drei Mal seinen Stab an und stieg von der Dharma-Plattform herab.

Sechste Vorlesung

Meister Kusan sagte: „Alle Buddhas und Patriarchen haben den Geist mit Hilfe des Geistes weitergegeben. Das ist, wie wenn man eine Nadel auf ein Senfkorn wirft. Könnt ihr die Nadel fangen? Möge die Versammlung sprechen!“

Nach einer Pause sagte er: „Ihr müsst eine Nadel nehmen und die Weltsysteme des gesamten Universums durchstechen. Dann werdet ihr Erfolg haben.

Ein gatha (erleuchtender Vers) lautet:

> ‚Beim Geben von Feuer
>   und Empfangen von Feuer
> gibt es keine wirkliche Übertragung.
> Der Glanz des Blitzes durchdringt
>   den unendlichen Raum.
> Die Wolken, die über Berggipfel ziehen,
> deuten an, dass es morgen regnen wird.

Rosen blühen und färben
das Gesicht des Buddha gelb.'"

Der Meister zitierte aus einer alten Aufzeichnung und sagte: „In der Nähe der Einsiedelei von Meister Ta Sui gab es eine alte Schildkröte. Ein Mönch fragte: ‚Bei allen Lebewesen umhüllt die Haut die Knochen; wie kommt es, dass bei diesem Wesen die Knochen die Haut umhüllen?' Meister Ta Sui sagte: ‚Ich habe der Schildkröte Strohsandalen auf den Rücken gelegt.' Der Mönch hatte darauf keine Antwort.

Chih Men-Tso sagte in seinem Gedicht:

‚Zieht die Schildkröte ihre sechs Glieder ein,
wird ihr Name klar veranschaulicht.
Sie blieb vor einigen Leuten stehen
und musterte sie.
Mit einem Lederschuh
wurde alles bedeckt.
Und doch ist sie selbst jetzt
Noch immer nicht erwacht.'

Heute ist dieser Bergmönch nicht dieser Meinung. Wäre ich damals anwesend gewesen, hätte ich eine steinerne Trittplatte genommen und sie auf den Rücken der Schildkröte gelegt.

Möge die Versammlung sprechen! Habt ihr die heilige Schildkröte gesehen oder nicht?"

Nach einer Pause sagte er: „Im Myriaden li weiten Himmel leuchtet der eisige Geist auf uns. In der dritten Wache der stillen Nacht wird die Mittagsglocke angeschlagen.

Mein Gedicht lautet:

Es hat Jade-Nägel, goldene Augäpfel
  und Knochen, die die Haut umhüllen.
Selbst mit einer Stufenplatte auf dem Rücken
ist es jetzt noch wunderschön.
Das Muster auf seinem Panzer
bildet 8 x 8 = 64 Hexagramme.
Wie lange wird sein ewiger Geist
weiter die Luft einatmen?"

Dann stieg der Meister von seinem Sitz herunter.

Letzte Vorlesung

Der Meister stieg auf die Dharma-Plattform, schlug drei Mal mit seinem Stab daran und sagte: „Heute ist der erste Tag der Freien Zeit. Könnt ihr die Helligkeit der Dharma-Tradition des Jogye-Bergs gründlich verstehen? Wenn es jemanden gibt, der es verstehen kann, soll er sprechen!“

Nach einer Pause sagte er: „Im Frühling blühen die Blumen, im Herbst bilden sich die Früchte. Im Sommer gibt es den Schatten der Bäume, im Winter den weißen Schnee. Zu wessen Tradition gehören also die zehntausend Phänomene? Wisst ihr das? Wenn ihr es nicht wisst, ist es dann eine Freie Zeit? Ich beschwöre diese Versammlung: Es ist wahr – es gibt diese große Angelegenheit von Geburt und Tod! Tut keine falschen Handlungen, denen es an Beherrschung und Disziplin mangelt.

Ein Gedicht lautet:

‚Die Berge, die alle anderen überragen,
sind der Wohnsitz der Löwen.
In den klaren Gebirgsbächen
  wohnen die Drachen.
Einer, der die Augenbrauen eines Löwen
  und den Bart eines Drachens fassen kann,
ist ein großer Mann,
der eine Laute unter dem Mond spielt.‘

Was ist dieses ‚Laute spielen unter dem Mond'? Wisst ihr das?

Der Berg bewegt sich,
  der Mond bewegt sich nicht.
Überall ist ein Bodhimandala.
Auf einer alten Kiefer hockt ein Graustorch.
In den grünen Bäumen rufen einander Pirole.

In alten Zeiten fragte Meister Yun Chu einen Mönch: ‚Acarya (Gebildeter), in den Tiefen deiner Gedanken, welches Sutra ist dort?' Er antwortete: ‚Das Vimalakirti Sutra.' Der Meister sagte: ‚Ich habe dich nicht nach dem Vimalakirti Sutra gefragt! In den Tiefen deiner Gedanken, welches Sutra gibt es da?' Der Mönch erlangte hierdurch Strom-Eintritt.

Tien Chang Shan sagte dazu in einem Gedicht:

‚Er fragte nach dem Sutra,
nicht nach den Gedanken an Vimalakirti.
Habt ihr die Tiefen eurer Gedanken
  klar erkannt?
Wenn ihr das Meer jener Dharma-Türen
  betreten wollt,
die so zahlreich sind wie Staubkörner,
müsst ihr nur ein Wort erläutern, nicht viele.'

Doch heute ist dieser Bergmönch nicht dieser Meinung." Meister Kusan hob seinen Stab, schlug auf den Dharma-Sitz und sagte: „Ihr hört es deutlich."

Dann hielt er den Stab hoch und sagte: „Ihr könnt dies deutlich sehen. Welches Sutra ist es? Wenn ihr Klängen und Formen folgt, seid ihr wie ein Hund, der einem Erdklumpen nachläuft.

Ein Gedicht lautet:

‚Da er nicht nach Vimalakirti gefragt hat,
sollet ihr nicht den Sinnesobjekten folgen.
Wenn der Bergziegenbock
  an den Hörnern hängt,
werden die Jagdhunde in Ruhe gelassen.
Ein Schlag auf den Dharma-Sitz
  durchdringt die ganze Erde:
Augenblicklich werden die 80.000 Lehren
  entsprechend der Wirklichkeit offenbart.‘

Dann stieg der Meister von seinem Dharma-Sitz herunter.

Winter-Meditationsklausur 1976-77

Erste Vorlesung

Der Meister wandte sich an die Versammlung und sagte: „Jeder bezeichnet sich selbst als ‚Ich‘. Möge die Versammlung sprechen! Was ist das ‚Wahre Ich‘?“ Nach einer Pause sagte er laut: „Ihr müsst einen Stein für euren Körper und Kuhmist für eure Augen halten, dann werdet ihr es wissen. Könnt ihr das verstehen? Wenn ja, dann sind alle fühlenden Wesen auf der ganzen Welt und in allen Dharma-Bereichen nichts anderes als euer eigenes ‚Ich‘. Überall werdet ihr ungehindert sein. Diejenigen, die dies noch nicht erkannt haben, sind dem Wechsel an allen Berührungspunkten ausgesetzt, und alle Dinge werden zu ihren Feinden.

Noumena und Phänomene sind getrennt; die ganze Welt ist nur Sargholz, und ihr seid ins Meer des Leidens eingetaucht. Wann werdet ihr euren Kopf darüber erheben? Ist es nicht Leid? Ist es nicht Schmerz?“

So heißt es in einem Gedicht:

> ‚Wenn man von der Spitze einer 80.000 Fuß hohen Klippe springt, werden die alten Buddhas der letzten tausend Jahre subtil lächeln. Wenn man alle Berge und Flüsse umarmt, wird die Jadepflaume im Schnee das Gesicht des Frühlings zeigen.‘

In alten Zeiten fragte ein Mönch Meister Yun-chu: ‚Wie ist letztendlich dein Aufenthaltsort?' Yun-Chu antwortete ihm: ‚Es ist schön, in den Bergen zu leben.' Daraufhin verbeugte sich der Mönch vor Yun-chu. Dann fragte der Meister: ‚Was hast du von dem verstanden, was ich gesagt habe?' Der Mönch antwortete: ‚Menschen, die ihre Heimat verlassen haben, sind vor allem Guten und Bösen, vor Günstigem und Ungünstigem im Bereich von Geburt und Tod unbeweglich wie Berge.' Daraufhin schlug ihn der Meister und sagte: ‚Du lästerst die Alten und ermordest die Söhne und Enkel meines Geschlechts.'

Dann fragte der Meister einen Mönch, der neben ihm saß: ‚Was hast du von dem verstanden, was ich gesagt habe?' Der Mönch antwortete: ‚Meine Augen sehen keine der Formen im Himmel oder auf der Erde. Meine Ohren hören nicht den Klang von Saiten- und Blasinstrumenten.' Da schlug der Meister auch ihn und sagte: ‚Du lästerst die Alten und ermordest die Söhne und Enkel meines Geschlechts.'

Der Vers von Tou Tse-ching besagt:

> ‚Gipfel und Bergrücken erstrecken sich über 80.000 Fuß. An den vier Seiten gibt es keine Straße, die nicht durch sie hindurchführt. Seit uralten Zeiten hat kein Licht je die beiden Räder erreicht. Tief in der Nacht betritt der alte Ehrwürdige die Westgipfel.'

Heute ist dieser Bergmönch nicht derselben Meinung. Mein Gedicht lautet:

> Es gibt keinen Ort, der nicht ein Bodhimandala ist. Es gibt niemanden, der nicht mit Diamant bestückt ist. Das Reich der Wahrheit zu suchen, während man in der Unterscheidung verweilt, ist so schwierig wie der Versuch, die Bergziege zu finden, die an ihren Hörnern hängt.

Mögen die hier Versammelten gut auf sich achten!“

Der Meister schlug drei Mal seinen Stab an und stieg von der Plattform herab.

Zweite Vorlesung

Meister Kusan wandte sich an die Versammlung: „Die Alten sagten: ‚Es gibt keine fühlenden Wesen, die nicht mit der aktiven, hellen, erleuchteten Natur ausgestattet sind; sie unterscheidet sich nicht von der Natur der Buddhas.‘ Möge die Versammlung sprechen! Was ist diese aktive, helle, erleuchtete Natur?“ Nach einer Pause sagte der Meister: „Um Mitternacht fliegt die goldene Krähe über den Himmel, der so weit wie 80.000 li ist. Mittags verschlingt das Jadehäschen die vier Meere vollständig. Versteht ihr das?

Diese eine Sache ist von alters her geistig aktiv und niemals verdunkelt worden. Alle Phänomene des

Dharma-Reiches sind mit ihr geschmückt. Die universelle Helligkeit dieser hellen Weisheit ist ohne Hindernis. Das Bodhimandala der zehn Buddhas liegt nach meinem Belieben in meiner Hand."

Der Meister schlug drei Mal seinen Stab an und stieg vom Dharma-Sitz herab.

Dritte Vorlesung

Meister Kusan wandte sich an die Versammlung: „Seht! Schaut! Die Buddhas und Patriarchen der zehn Richtungen stehen auf der Spitze dieses Bergmönchstabes, bauen ausgedehnte Klöster und drehen das große Dharma-Rad. Wenn auch mit unterschiedlichen Stimmen, so sagen sie doch alle, dass jedes fühlende Wesen ursprünglich mit der Weisheit und den verdienstvollen Zeichen aller Tathagatas ausgestattet ist. Möget ihr Meditierenden, die mit dem Dharma-Auge ausgestattet sind, sprechen! Was ist es?"

Nach einer Pause sagte er: „Wenn ihr mit einem Klumpen geschmolzenen Eisens die gusseiserne Maske verbrennen könnt, dann werdet ihr wissen, was es ist.

Ein Gedicht lautet:

‚Wenn der Mond voll ist, ist Vollmondnacht. Wenn der Frost den Boden bedeckt und der

Wind weht, ist es dann nicht die Zeit, in der die Chrysanthemen duften? Sagt nicht, dass die Buddhas und Patriarchen innerhalb der drei Zeitperioden existieren. Erfahrt das Ungeborene, und ihr werdet wie ein Vajra (Diamantzepter) sein.‘

Möge die Versammlung wachsam sein!“

Der Meister schlug seinen Stab an und stieg vom Dharma-Sitz hinab.

Vierte Vorlesung

Auf dem Hochsitz schlug der Meister seinen Stab drei Mal nieder und sagte: „Über diesem Klumpen roten Fleisches befindet sich ein wunderbares Dharma, das von Wahrheit geprägt ist. Er unterscheidet sich nicht einmal um eine Haaresbreite von den Buddhas und Patriarchen. Habt ihr es schon verstanden? Jeder Mönch, der mit dem Dharma-Auge ausgestattet ist, möge nun sprechen! Was ist es?“

Nach einer Pause sagte der Meister: „Wenn sich das Gift eines schlangenfressenden Vogels in Butter verwandelt und Bomben in Brot, dann wirst du es wissen.“

In einem Gedicht heißt es:

‚Der Felsen öffnet seine Augen; es gibt nichts, was er nicht sehen kann. Die Sprache des Feuersteins scheint stumpf zu sein. Ohne einen Schritt zu tun, kann man das Goldene Rad niedertrampeln. Der Berg Chiri reitet auf einem Ochsen, der von einem Drachenhengst geführt wird.‘

Einmal kam ein Beamter des kaiserlichen Haushalts namens Cheng, brachte dem ehrwürdigen Meister Yun-Chu eine Opfergabe und fragte: ‚Der Tathagata hat eine esoterische Lehre, die Kashyapa nicht verbirgt. Was ist die Bedeutung davon?‘

Der Meister rief: ‚Offizier!‘ Der Beamte Cheng antwortete: ‚Ja?‘ Der Meister fragte: ‚Verstehst du?‘ Der Beamte sagte: ‚Nein, ich verstehe nicht.‘ Meister Yun-Chu sagte: ‚Wenn du nicht verstehst, dann hat der Buddha eine esoterische Lehre; wenn du aber verstehst, dann verbirgt Kashyapa sie nicht.‘

Ein anderer Mönch, Chang Ling Cho, stieg einmal auf die Plattform und kommentierte dieses Gespräch mit den Worten: ‚Wie seltsam, dass solch eine einzigartige Sache von einem solchen Mann erforscht wurde. Kennt ihr die esoterische Lehre des Tathagata, die von Yun-Chu durchgesickert ist? Wenn ihr sie immer noch nicht kennt, obwohl ihr den Wind ein Segel blähen seht, zieht ihr immer noch eure Ärmel hoch.“

Da sagte Meister Kusan: „Ich bin nicht dieser Meinung. Wäre ich dabei gewesen, als Offizier Cheng seine Frage stellte, hätte ich gesagt: ‚Der Schneesturm schlägt gegen das Fenster und seine Kälte schneidet ins Mark.‘ Möge die Versammlung dies bedenken! Ist nicht der Schneesturm, der gegen das Fenster schlägt, die esoterische Lehre des Buddha? Und ist die Kälte, die bis ins Mark dringt, nicht genau das, was Kashyapa offenbarte? Wenn ihr das versteht, dann ist dies die Versammlung auf dem Geiergipfel. Ihr müsst solche Menschen sein, um zu verstehen.

Passt auf euch auf!“

Der Meister stieg von der Plattform herab.

Fünfte Vorlesung

Der Meister bestieg den Hochsitz, schlug drei Mal seinen Stab an und sagte: „Ich wage es, diese Versammlung zu fragen: Alle sagen, dass der Weltverehrte den Pfad am achten Tag des letzten Monats (des Mondkalenders) vollendete, aber ist das wirklich wahr? Wenn ihr sagt, dass der Tathagata die Verwirklichung erlangt hat, dann verleumdet ihr den Buddha. Doch wenn ihr sagt, dass er den Pfad nicht verwirklicht hat, dann verleumdet ihr den Buddha ebenfalls. Möge die Versammlung sprechen! Was ist richtig?“

Nach einer Pause sagte er laut: „Ein Ochse in Suncheon frisst Gras, und der Magen eines Pferdes in Jeju-do platzt. Habt ihr das verstanden?

Vor kalpa, so zahlreich wie Staubkörner, wurde die Buddhaschaft bereits erreicht. Um die fühlenden Wesen (ans andere Ufer) überzusetzen, manifestierte der Buddha spirituelle Kräfte. Ein Schlag dieses Stabes durchdringt Welten, die so zahlreich sind wie Sandkörner. Und das Werk des Tathagata ist bereits vollendet.

Damit endet die formale Dharma-Lehre. Da ihr jedoch alle während dieser Übungsperiode fleißig praktiziert habt, möchte ich nun ein paar Worte über meine eigene Praxis hinzufügen.

In der Vergangenheit lebte ich etwa fünf Jahre lang in einer Einsiedelei namens Su-do Am in der Nähe des Klosters Chong-am. Mir wurde die Verantwortung für die Betreuung dieser kleinen Einsiedelei anvertraut, die so ärmlich war wie eine Eierschale. Während dieser fünf Jahre konnte ich hauptsächlich durch das Sammeln von Almosen den Lebensunterhalt für die Gemeinschaft von etwa sieben oder acht Mönchen bestreiten.

Unter diesen Mönchen gab es einen namens Peopchun Sunim, der Tag und Nacht eifrig übte. Eines Morgens begleitete mich dieser Mönch in eine kleine Stadt namens Sang-ju, wo wir etwas zu erledigen hatten. Wir wurden zum Mittagessen in das Haus eines Laienanhängers in der Stadt eingeladen.

Leider hatte sich mein Begleiter nach dem Essen den Magen auf eine Weise verdorben, die nicht mehr zu ändern war. Zu jener Zeit gab es in dieser Stadt kein Krankenhaus, in dem der Mönch operiert werden konnte. Wir gingen zu verschiedenen Ärzten, die auf orientalische und westliche Medizin spezialisiert waren, und versuchten, eine Behandlung zu organisieren. Schließlich fanden wir einen Arzt, der ihn untersuchte, mich diskret zur Seite nahm und fragte: ‚Hat dieser Ehrwürdige nicht in der Vergangenheit an einer Art Magenkrankheit gelitten?'

Es gab eine Zeit, da lebte dieser Mönch auf dem Chiri-Berg und hielt sich an die asketische Praxis, kein Getreide und keine gekochten Speisen zu essen, sondern sich hauptsächlich von Kiefernnadeln und wilden Pflanzen zu ernähren. Nachdem er dieses Regime zwei oder drei Jahre lang befolgt hatte, hielt er sich eines Tages in Chin-ju auf, wo ein Laienanhänger, der von den Strapazen wusste, die der Mönch in den Bergen ertragen musste, eigens für ihn Klebreis vorbereitete. Nach einer so langen Zeit der Enthaltsamkeit könnt ihr euch vorstellen, wie sehr der Mönch sich über diese Mahlzeit freute. Da er jedoch seit langem an Rohkost gewöhnt war, konnte sein Magen diese Art von Essen nicht mehr vertragen und wurde beschädigt. Dies war die Ursache für seine Krankheit, die so akut geworden war. Wenn er nicht bis zum nächsten Morgen nach Daegu, der nächstgelegenen großen Stadt, gebracht wurde, waren seine Überlebenschancen gering. Der Arzt forderte mich auf, mich in der Zwischenzeit gut um ihn zu kümmern. Als wir den Arzt konsultiert und seine Diagnose erhalten hatten, war es völlig unmöglich, ihn bis zum Stichtag nach Daegu zu bringen, da es schon spät am Abend war.

Während ich ihm zurück zum Haus des Laien half, legte er seinen Kopf auf meine Schulter und seufzte verzweifelt: ‚Bitte üben Sie ernsthaft und bemühen Sie sich, mich hinüberzubringen.' Dies war seine letzte Bitte. Ich deutete dies so, dass mein Begleiter jede Hoffnung auf ein Überleben aufgegeben hatte. Ich antwortete ihm: ‚Es ist unsere Art, uns der Vergänglichkeit des Lebens bewusst zu sein; deshalb müssen wir jederzeit auf unseren Abgang vorbereitet sein. Was die Beziehung zwischen Freunden auf dem Pfad angeht, so sollten wir uns gegenseitig von einem Leben zum nächsten unterstützen. Wenn ich also zuerst erleuchtet werde, werde ich helfen, dich hinüberzubringen, und umgekehrt. Du brauchst dir also keine Sorgen zu machen.'

Schließlich gab er am nächsten Morgen gegen sechs Uhr seinen Geist auf. Nachdem ich die Einäscherung veranlasst hatte, machte ich mich auf den Rückweg nach Su-do Am. Unterwegs dachte ich: „Ah! Als wir losgingen, waren wir zu zweit, aber nachdem ich seine verbliebenen Gebeine verstreut habe, gehe ich nun allein zurück!“ Ich fühlte mich sehr traurig und beschloss in diesem Moment, vor seiner Todeszeremonie am neunundvierzigsten Tag zu erwachen, damit ich ihm bei der Überführung (ans andere Ufer) helfen konnte.

Es war nach dem Ende der Sommer-Meditationsklausur, aber da ich immer noch für die Bedürfnisse der Gemeinschaft verantwortlich war, konnte ich mich nicht sofort zurückziehen. Als ich den Proviant besorgt hatte, waren es nur noch acht Tage bis zur Todeszeremonie. Ihr könnt euch meine Dringlichkeit vorstellen!

Hinter der Einsiedelei gab es eine kleine Hütte, die Cheong-gak oder „Volle Erleuchtung“ hieß. Ich veranlasste, dass mir zwei Mal täglich Essen dorthin gebracht wurde, da ich vorhatte, eine Klausur der „Praxis ohne Schlaf“ zu machen. Nach vier Tagen des Sitzens erkannte ich, dass ein Großteil meiner Samadhi-Kraft, die ich durch frühere Praktiken erlangt hatte, während der Aktivitäten der letzten Wochen verpufft war. Die meiste Zeit wurde ich abwechselnd entweder von Schläfrigkeit oder von Fantasien geplagt. Wie sollte ich mit solch einer mangelhaften Praxis jemals in der Lage sein, meinem Freund zum Zeitpunkt der Todeszeremonie zu helfen?

Daher beschloss ich, die Schläfrigkeit zu bekämpfen, indem ich im Stehen mit zusammengelegten Handflächen meditierte. Nach fünf Tagen kamen die anderen Mönche, um sich mit mir über die Zeremonie zu beraten, die in ein paar Tagen stattfinden sollte, aber ich schickte sie zurück, um sie zusammen mit den Verwandten des Verstorbenen selbst zu organisieren. Ich blieb allein und beschloss, dass ich unter keinem Vorwand aufgeben würde, selbst wenn ich kurz vor dem Tod stünde; so entschlossen war ich, weiterzumachen.

Bei der stehenden Meditation ist es am schwierigsten, die ersten zwei Stunden zu überstehen, danach sind die größten Probleme überwunden.

Ob sitzend, liegend oder stehend, es ist schließlich alles dasselbe, wenn der Körper sich im Samadhi niederlässt. Obwohl sieben volle Tage vergangen waren, seit ich mit dieser Praxis begonnen hatte, fühlte ich weder Müdigkeit noch Schmerzen in meinen Beinen.

Die alten Meister hatten guten Grund, diese Art von schlafloser Praxis zu befürworten. Als es am letzten Tag auf neun Uhr abends zuging, machte die Uhr an der Wand wie üblich ein Klicken, bevor sie die Stunde schlug. Als ich dieses Klicken hörte, ging ich einen Schritt weiter. Bei dieser Gelegenheit komponierte ich das folgende gatha:

> Ein Klang: Die dreitausendfachen Welten
> werden verschluckt.

Dieser Kerl erscheint allein
und ruft neun wiederholte ‚Hah!'.
Das Ticken der Uhr ist nur
die allumfassende Darlegung der Lehre.
Stück für Stück sind Metall und Holz
nur der reine Dharmakaya.

Was bedeutet es, wenn die Uhr neun schlägt? Diese Art von intensiver Stehübung hat meine Hindernisse, die durch Trägheit und Unruhe verursacht wurden, beseitigt. Ihre Wirkung war wie ein klarer, wolkenfreier Himmel. Sie erlaubte mir augenblicklich, den ursprünglichen Ort zu betreten und dort zu verweilen. Auf diese Weise verweilte ich während jener sieben Tage und Nächte. Wenn also Praktizierende, die schon ein wenig auf dem Pfad vorangekommen sind, ihren Schwung verlieren, so als ob ihre Unterhosen herunterrutschen würden, dann wird ihre Übung ziemlich wertlos, was auch immer sie versuchen zu tun. Diejenigen, die sich kultivieren wollen, sollten mit einem Geist ausgestattet sein, der bereit ist, sich mit den Fingern durch Felsen zu bohren, wenn es nötig ist, um zur Erleuchtung zu gelangen. Da wir uns dem Ende dieser Exerzitien nähern, solltet ihr das wissen und entsprechend handeln."

Der Meister schlug drei Mal seinen Stab an und stieg vom Dharma-Sitz herab.

Sechste Vorlesung

Der Meister bestieg die Plattform, schlug drei Mal seinen Stab an und sprach zur Versammlung: „Ursprünglich ist alles ungeboren; wie kann es also einen Tod geben? Dieses aktive Wunder ist der Meister Vairocana. Mögen der heute verstorbene Geist und die Versammlung der Mönche sprechen! Habt ihr dieses eine Wort verstanden: ‚aktives Wunder'?"

Nach einer Pause stieß der Meister einen lauten Schrei aus und sagte: „Die Wolken verziehen sich über zehntausend li und der einsame Mond scheint. Das Sutra der Vollständigen Erleuchtung sagt: ‚Wenn ein Geist gereinigt ist, sind viele Geiste gereinigt; wenn viele Geiste gereinigt sind, ist das Dharmadhatu (Sphäre des Dharma, Absolute Wirklichkeit) gereinigt. Möge die Versammlung sprechen! Was ist der eine Geist?"

Nach einer Pause hob er seinen Stab, schlug ihn ein Mal nach unten und sagte: „Ihr könnt dies deutlich hören." Er hob seinen Stab erneut und sagte: „Ihr könnt dies deutlich sehen. Ist der eine Geist unabhängig von diesem Sehen und Hören, oder ist er genau dieses Sehen und Hören?" Die Versammlung blieb still.

Der Meister fuhr fort: „Wenn mich jemand fragte, würde ich sagen: ‚Die Wolken sammeln sich über dem Meer des Südens; es regnet auf den Bergen des Nordens.‘

Ein gatha lautet:

> ‚Es ist nicht Form, nicht Leere und nicht Nicht-Leere. Es existiert weder innerhalb, noch außerhalb, noch dazwischen. Ein Strahl der roten Sonne durchdringt Welten, die so zahlreich wie Sandkörner sind. Ein steinernes Pferd dreht seinen Kopf und bricht aus dem Lehmkäfig aus.‘

Wieder werde ich einige überflüssige Erklärungen geben. Wenn ihr übt, gibt es Zeiten, in denen es gut läuft, und Zeiten, in denen es schlecht läuft. Manchmal ist es so, als würde man ein Boot übers Eis schieben; dann sollte man keine Gedanken der Freude aufkommen lassen, denn so würde man vom Dämon der Freude gefangen werden. Zu anderen Zeiten ist es so, als würde man versuchen, einen Ochsen in einen Brunnen zu ziehen; dann sollte man keine Gedanken der Traurigkeit oder der Selbstverunglimpfung aufkommen lassen, denn so würde man vom Dämon der Traurigkeit und der Verunglimpfung ergriffen werden.

Manchmal habt ihr Kopfschmerzen, eine verschwommene Sicht oder ein Gefühl, als ob euch die Zähne ausfallen würden. Zu anderen Zeiten, wenn ihr geht, scheint es, als ob der Wind weht oder die Erde wackelt; doch ihr solltet euch nicht von Gefühlen der

Angst oder Gedanken der Furcht leiten lassen. Lasst das hua-tou nicht los, denn das andere sind nur Geisteszustände, die durch Anspannung im Körper entstehen. Diejenigen, die unter solchen Umständen das hua-tou ablegen, werden in ihrer Praxis nie etwas erreichen.

Wenn die Lebensenergie aufsteigt zum Kopf und Spannung erzeugt, solltet ihr euren Willen wie einen Berg festigen und euren Geist wie das Meer beruhigen. Setzt euch aufrecht auf euer Kissen und betrachtet das tan-tien (jap. hara) mit dem geistigen Auge. Wenn ihr von Kopfschmerzen geplagt werdet, legt das Gefühl des Zweifels sanft in das tan-tien.

Durch dieses Unbewusstsein und diese Nicht-Aufmerksamkeit wird das hua-tou schnell reifen. Schließlich wird der Körper wie ein leerer Raum erscheinen; er scheint sowohl zu existieren als auch nicht zu existieren. Wenn Geist und Körper sehr leicht und angenehm sind, werdet ihr allmählich in glückverheißende Zustände eintreten. Da ihr jetzt Eisen in Gold umwandelt, solltet ihr sehr vorsichtig sein. Übt fleißig!

Die Berge bewegen sich,
  der Mond bewegt sich nicht.
Überall ist ein Bodhimandala.
Wir lassen uns treiben und folgen den Wellen.
Auf der Durchgangsstraße
  gratuliert uns ein Steinmann.“

Der Meister sagte: „Seid achtsam!“, hob seinen Stab hoch, schlug ihn drei Mal nieder und stieg von der Plattform herab.

Letzte Vorlesung

Vom Hochsitz aus sagte der Meister: „Heute haben wir das Ende des Jahres erreicht. Da ihr in der Lage wart, eine anstrengende siebentägige Nichtschlaf-Periode der Meditation ohne Rücksicht auf Leben und Tod zu beenden: Seid ihr nun fähig, den Pfad zu beschreiten, der nach oben führt und der von allen Vorfahren beschritten wurde? Jeder Mönch, der mit dem Dharma-Auge ausgestattet ist, möge sprechen! Was ist dieser Pfad?“

Nach einer Pause hob der Meister seinen Stab, schlug ihn ein Mal gegen den Sitz und sagte: „Am letzten Tag des Jahres, wenn ihr dem eisernen Knüppel des Kaisers Yama begegnet, wird es keinen Weg zur Flucht geben, der zum Himmel hinaufführt, und kein Tor, das in die Erde hinabführt, solange ihr nicht versteht. Wenn das Licht eurer Augen auf die Erde fällt, was werdet ihr dann tun? Ihr müsst euch von jeglichem Verdienst und jeglicher Verwirklichung befreien, jegliche leidenschaftliche Unterscheidung überwinden und die Buddhas und Patriarchen begreifen und besiegen. Nur dann werdet ihr in der Lage sein, den eisernen Knüppel zu vermeiden. Versteht ihr?

> Ein Igel verschlingt die Berge, und die vier Meere sind beruhigt. Ein Lehmochse atmet Luft aus, und die zehntausend Regionen sind im Frühling. Der Mond geht auf, und das steinerne Pferd befreit sich aus dem Käfig aus Sand. Wo immer wir hingehen, sind wir der König, und alles ist Wahrheit.“

Aus einer alten Aufzeichnung zitierend, sagte der Meister: „Ein Mönch fragte Tsao-shan: ‚Wenn ein Kind (Schüler) nach Beendigung seiner Studien zu seinem Vater (Meister) zurückkehrt (d. h. wenn beide gleich weit fortgeschritten sind), warum ignoriert der Vater ihn dann völlig?‘ Der Meister sagte: ‚So sollte es auch sein.‘ Der Mönch fragte: ‚Wo bleibt dann die Liebe zwischen Vater und Sohn?‘ Tsao-shan antwortete: ‚Das ist die Vollendung der Liebe zwischen Vater und Sohn.‘ Der Mönch fragte: ‚Was ist diese Liebe?‘ Tsao-shan antwortete: ‚Auch wenn wir es mit einem Messer oder einer Axt schneiden, kann es nicht gespalten werden.‘

Tien Tung-chiao sagte: ‚Der Weg, den der helle Mond durch den Himmel geht, und die Gipfel der Berge, die die Dächer überragen: Beide treten zurück und zeigen ihre Talente. Sie teilen denselben Körper und dasselbe Schicksal.‘ An diesem Punkt wird die Bedeutung von ‚Auch wenn wir es mit einem Messer oder einer Axt schneiden, kann es nicht gespalten werden‘ verstanden. Könnt ihr das schon begreifen? Wenn die Essenz vollständig leuchtet, ist sie auf nichts angewiesen, und der ganze Körper ist mit dem Tao vereint.

Hätte man mich gefragt: ‚Was ist die Liebe zwischen Vater und Sohn?‘, hätte ich geantwortet: ‚Das kostbare Schwert spaltet das Wasser; eine Pfeilspitze durchdringt den Himmel. Der Mond in der Vollmondnacht braucht nicht auf eine andere Helligkeit zu warten. Den Geist mit dem Geist zu verbinden, ist, wie Feuer mit Feuer zu verbinden.‘

Das Herz der Blume enthält Nektar und bringt die Frucht hervor. Schmetterlinge und Bienen kommen zur rechten Zeit (um Nektar zu sammeln), aber sie sehnen sich nicht nach den Blumen.“

Dann stieg der Meister vom Hochsitz herab und rezitierte gemeinsam mit der Gemeinschaft die Vier Großen Bodhisattva-Gelübde.

Führung eines verstorbenen Geistes II

Der Meister bestieg den Hochsitz, schlug seinen Stab daran und sagte:

„Eine Sache ist ständig geistig aktiv; ihr erhabenes Wirken ist vielfältig. Könnt ihr verstehen, dass es ursprünglich weder Geburt noch Tod gibt? Wenn wir die Sinnesgrundlagen und Sinnesobjekte ablegen, manifestiert sich die Essenz vollständig. Die Berge, Flüsse und die große Erde sind unser Zuhause. Mögen diese Versammlung der Mönche und der heute verstorbene Geist sprechen! Versteht ihr das Prinzip dieses Einen Dinges, das ständig geistig aktiv ist?“

Nach einer Pause sagte der Meister: „Dieser Stab stützt den Himmel und erhält die Erde. Er schneidet die drei Zeitperioden ab und vollendet alle Dinge der Schöpfung. Noch einmal frage ich euch: Könnt ihr den Unbeweglichen Grund, mit dem ihr ursprünglich ausgestattet wurdet, bevor eure Eltern euch zur Welt brachten, vollständig begreifen? Wenn ihr es verstanden habt, geht ihr Hand in Hand mit allen Buddhas und Patriarchen der drei Zeitperioden. Wenn ihr es jedoch noch nicht erkannt habt, fallt ihr in Unwissenheit, extreme Not und enormen Schmerz. Wie ist es möglich, dieses Leiden zu vermeiden? Ihr müsst das drei Fuß lange Drachenschwert ergreifen und die Hörner des Löwen abschneiden, der auf dem achtzigtausend Fuß hohen Berg sitzt.

Ein Gedicht sagt:

‚An der Spitze des Gipfels,
  wo es keinen Schatten gibt,
fließen die Flüsse nicht.
Das Licht des Schwertes,
  das wie ein Blitz leuchtet,
reicht bis zu den Plejaden.
Allein ziehe ich über Himmel und Erde,
  ohne Gefährten.
Die Buddhas und Patriarchen der zehn
  Richtungen sprechen nicht miteinander.‘“

Der Meister zitierte dann aus dem Buch „Die vollständige und plötzliche Erlangung der Buddhaschaft“ des Nationallehrers Bojo und sagte: „Wenn man über alle fühlenden Wesen mit der hellen universellen Weisheit des Buddha strahlt, die aus dem eigenen Geist kommt, dann sind alle fühlenden Wesen Buddhas, ihre Sprache ist die Sprache der Buddhas und ihr Geist ist der Geist der Buddhas. Darüber hinaus sind alle Arten, den Lebensunterhalt zu verdienen, und alle Künste und Handwerke die Form und das Funktionieren dieser strahlenden universellen Weisheit. Es gibt keinerlei Unterscheidung. Nur weil die fühlenden Wesen sich selbst täuschen, sagen sie: ‚Das ist ein Weiser‘, ‚das ist ein gewöhnlicher Mensch‘; ‚das bin ich‘, ‚das ist jemand anderes‘; ‚das ist Ursache‘ und ‚das ist Wirkung‘; „das ist unrein“ und ‚das ist rein‘; ‚das ist Essenz‘, ‚das ist Form‘. Sie selbst erzeugen Unterscheidungen und machen auf dem Pfad Rückschritte. Dies ist nichts, was absichtlich von der hellen universellen Weisheit hervorgebracht wird. Wenn man einen Geist des Eifers erzeugen kann und zu der Tatsache erwacht, dass Unwissenheit ursprünglich immateriell und ursprünglich Wahrheit ist, dann erwacht man zu dem konstanten, mühelosen Dharma der großen Funktion, der genau die unbewegliche Weisheit aller Buddhas ist.“ Dann rezitierte der Meister sein eigenes Gedicht:

> „Auf den hohen Bergen zerstreuen sich die Wolken und fließen die Flüsse. Der leere Geist ist friedlich und wunderbar vor uns erkennbar. Tausende von Welten, die wie Sandkörner sind, werden zu einem Ganzen. Weißer Schnee füllt den Innenhof und Magnolienblüten blühen.“

Der Meister hob seinen Stab, schlug ihn auf den Hochsitz und stieg herab.

Sommer-Meditationsklausur 1977

Erste Vorlesung

Der Meister bestieg den Dharma-Sitz, schlug seinen Stab drei Mal daran und sagte: „Ihr alle, die ihr tugendhaft seid, habt euch in diesem Chan-Tempel versammelt und ertragt diese Tausende von Mühen und Zehntausende von Leiden. Das alles geschieht wegen der großen Angelegenheit von Geburt und Tod. Wenn es hier überragende Menschen gibt, mögen sie sprechen. Wie kann man Befreiung erlangen? Selbst wenn ihr sprechen würdet, erstreckt sich der Gleichmut im Raum wie eine lange eiserne Säule. Habt ihr ihn noch nicht erfahren? Jedenfalls werdet ihr dreißig Schläge meines Stabes nicht vermeiden können. Wo liegt der Fehler? Wenn jemand das erkennen kann, werde ich ihm bescheinigen, dass er seine Meditationsschulung zu Ende gebracht hat."

Nach einer Pause sagte er: „Hört nun ein gatha:

‚Schnee und Mondlicht erfüllen die Berge
  und sind völlig voneinander durchdrungen.
Wenn ihr das Universum in einem Schluck
  verschlungen habt,
gibt es nichts Minderwertiges oder Edles mehr.
Wenn ihr die sechs Sinnesobjekte
  nicht akzeptiert,
werdet ihr wahre Freude empfinden.

Wenn ihr euch auf nichts
  in den drei Bereichen verlasst,
wird der Körper
  in seiner Gesamtheit ausgestellt.‘

Passt auf euch auf!“

Nachdem er seinen Stab drei Mal angeschlagen hatte, stieg der Meister von der Plattform herab.

Zweite Vorlesung

Der Meister bestieg den Hochsitz, schlug drei Mal seinen Stab daran und sagte: „Im Sutra der Vollständigen Erleuchtung heißt es: ‚Weil dieses illusorische Auslöschen getilgt ist, ist das, was nicht illusorisch ist, nicht getilgt.‘ Ihr hier und jetzt Versammelten! Habt ihr dieses Eine Ding, das nicht ausgelöscht ist, erkannt? Möge einer von euch Mönchen, die mit dem Dharma-Auge ausgestattet sind, sprechen! Was ist es?“

Nach einer kurzen Pause sagte der Meister: „Mitten in der Nacht fliegt die goldene Krähe über den Himmel. Die Mittagsglocke durchdringt den Nebel und ertönt aus der Dunkelheit. Versteht ihr das?

Ein Schwertkämpfer,
  von Sinnesobjekten befreit,
ist kalt wie Eis.

Der wahre Mensch, der den Dharma praktiziert:
Sein Geist ist unergründlich.

Die weißen Wolken auf den Gipfeln deuten an, dass es morgen regnen könnte. Zwischen den Felsblöcken liegen noch die abgefallenen Blätter vom letzten Herbst.

Wenn ihr übt, müsst ihr einen tiefen Zweifel an eurem grundlegenden kung-an aufkommen lassen und diesen beharrlich entwickeln.

Wenn eine Katze, die sich an eine Ratte heranpirscht, deren Loch ausspäht, bleibt ihr Blick absolut unerschütterlich, egal ob ein Mensch, ein Hund oder ein Huhn vorbeikommt. Wenn schließlich die Nasenspitze der Ratte auftaucht, stürzt die Katze sich wie der Blitz auf sie. Mit dem hua-tou verhält es sich genauso.

Ihr solltet auch wie eine Henne sein, die auf ihren Eiern sitzt. Normalerweise denkt sie von der Morgendämmerung bis zur Abenddämmerung, also den ganzen Tag lang, an nichts anderes als an die Suche nach Nahrung und Wasser; aber wenn sie auf ihren Eiern sitzt, werden Küken aus fünfzehn oder zwanzig Eiern schlüpfen, falls sie nur ein Mal in zwei oder drei Tagen frisst. Wenn sie aber zwei oder drei Mal am Tag auf Nahrungs- oder Wassersuche geht, werden nur vier oder fünf Küken schlüpfen, und der

Rest wird verfaulen. Wie könnte man dies als einfach und leicht bezeichnen?

Wenn ihr das hua-tou zu eurer Aufmerksamkeit erhebt, muss es wie das Stimmen einer Leier sein: Ist es zu locker, wird die Saite nicht klingen, doch wenn es zu fest ist, reißt die Saite. Wenn die Saite weder zu locker noch zu fest gestimmt ist, dann wird die Harmonie des Klangs verblüffend sein. Genauso ist es mit der Meditation: Es ist wichtig, das richtige Gleichgewicht zu finden, dann wird sie so natürlich sein wie das Naseputzen beim morgendlichen Waschen oder das Abklingen der Wellen, wenn der Wind sich beruhigt.

Seufzt nicht, dass dies das entartete Zeitalter ist. Es ist nicht so, dass man es nicht kann; es ist so, dass man es nicht tut.

Ein Gedicht sagt:

‚Ein Ton des reinen Klanges
  durchdringt die zehn Richtungen.
Der Weißstorch steigt aus den dunklen Wolken
  in die Berghalle hinab.
Wir folgen dem Bach und erreichen das Wunder,
sitzen tief versunken:
Jedes Ding ist wie ein Diamant.‘

Passt auf euch auf!“

Der Meister schlug drei Mal mit seinem Stab auf den Hochsitz und stieg hinab.

Dritte Vorlesung

Vom Hochsitz aus sagte Meister Kusan: „In dieser Angelegenheit (des Erwachens zur Selbst-Natur und des Erreichens der Buddhaschaft) verlasst euch nicht auf die Kraft eines anderen, sondern allein auf eure eigenen anstrengenden Bemühungen. Möge die Versammlung bitte sprechen! Habt ihr ‚dies' schon erreicht oder nicht? Wenn ihr es noch nicht erreicht habt, wessen Schuld ist es dann?"

Nach einer Pause sagte er: „Nur wenn ihr die Augenbrauen eines lebenden Tigers zupft und die Schnurrhaare eines fliegenden Drachen ergreift, werdet ihr es erreichen.

Ein gatha sagt:

> ‚Die Verbrennung des Körpers und die Zertrümmerung der Knochen ist wirklich zu eurem eigenen Vorteil. Werdet genau wie trockenes Holz oder kalte Asche. Wenn ihr in diesem Leben diese Anweisung nicht befolgt, werdet ihr es zehntausend kalpa lang bereuen. Bei wem könnt ihr euch dann beschweren?'

Wenn ihr die Meditation kultiviert, solltet ihr mit drei wesentlichen Eigenschaften ausgestattet sein.
Erstens, großer Zorn: Die Buddhas und Patriarchen der drei Zeitperioden haben alle, wenn auch mit unterschiedlichen Worten, gesagt, dass Geist, Buddha und fühlende Wesen ununterscheidbar sind; aber ihr seid immer noch fühlende Wesen. Wie könnt ihr also nicht einen Geist des großen Zorns hervorrufen?

Zweitens, großer Eifer: Seit anfangsloser Zeit habt ihr die sechs Bewusstseine als ‚ich' betrachtet und euch, der Erleuchtung den Rücken zukehrend, mit dem Staub der Welt vereinigt. Wer hindert euch daran, ein Buddha zu werden? Da ihr immer noch durch Geburt und Tod wandert, wie könnt ihr da nicht großen Eifer entwickeln?

Drittens, das Gefühl des großen Zweifels: Wenn die Buddhas, Patriarchen und erleuchteten Meister einen Geist des großen Mitgefühls entwickeln und mit den fühlenden Wesen empfinden, zeigen sie direkt den richtigen Weg auf. Ihr jedoch seid auf diesem Weg verloren. Deshalb könnt ihr nicht anders, als das Gefühl großen Zweifels zu erzeugen. Die Alten sagten: ‚Unter großem Zweifel muss es ein großes Erwachen geben. Wenn ihr jetzt nicht erwacht, werdet ihr es zehntausend kalpa lang bedauern.' In einem Gedicht heißt es:

> ‚Die Mandarinenten können dir vielleicht ihre Verzierungen zeigen, aber ihre goldene (Verzie-

> rungs-)Nadel können sie niemandem geben. In der Höhle des Löwen gibt es keine anderen wilden Tiere. Wenn ein Drachenhengst galoppiert, schlagen die Wellen an den Himmel.‘

Passt auf euch auf!“

Dann stieg der Meister von seinem Hochsitz herab.

Vierte Vorlesung

Der Meister bestieg das Podium, schlug drei Mal seinen Stab darauf und sagte: „Wegen dieser einen großen Sache des Erwachens ist diese Versammlung, die jetzt hier anwesend ist, am fünfzehnten des vierten Monats zu dieser Klausur zusammengekommen. Jetzt, nach dieser kurzen Zeit, haben wir die Hälfte des Weges hinter uns gebracht. Konntet ihr diese Angelegenheit schon verstehen? Wenn ihr es immer noch nicht verstanden habt ... Nun, die Zeit vergeht und wird nie wieder kommen. Der Strom der Zeit wartet nicht auf die Menschen.

Die Bedeutung von Geburt und Tod ist groß, und die Vergänglichkeit rückt schnell näher. Wie könnt ihr da unachtsam sein? Wenn ihr unachtsam seid, dann ist eure Schale Reis eine Schale Blut wert, und ein Kleidungsstück so viel wie ein Pfund Fleisch. Wer könnte eure Schuld für das Geschenk der vier Voraussetzungen begleichen?

Moku-ja sagte: ‚Ein fühlendes Wesen ist eines, das in Bezug auf den Einen Geist getäuscht ist und grenzenloses Leid erfährt. Die Buddhas sind diejenigen, die zum Einen Geist erwacht sind und grenzenloses Glück erhalten.‘ Liegt es nicht wirklich nur an euch, ob ihr ein Buddha werdet oder (nur) ein fühlendes Wesen bleibt? Möge einer von euch Mönchen, die mit dem Dharma-Auge ausgestattet sind, sprechen! Was ist der Geist, der weder erwacht noch verblendet ist?“

Nach einer Pause sagte er: „Wenn ihr nicht dort verweilt, wo es Buddhas gibt, sondern schnell an dem Ort vorbeilauft, wo es keine Buddhas gibt, und unter allen Umständen mit Weisheit übereinstimmt, dann werdet ihr verstehen.

In einem Gedicht heißt es:

> ‚Das Dharmadhatu der zehn Richtungen ist der Eine Geist. Die Myriaden von Phänomenen im Universum sind das Funktionieren der heiligen Schwertklinge. Das Wasser, das von einer steilen Klippe fällt, plätschert wieder nach oben. Am frühen Morgen singen Pirole inmitten grüner Bäume zum Fenster meiner Berghütte hin.‘

Die Dharma-Natur ist vollkommen durchdrungen. Obwohl sie in ihrem erhabenen Funktionieren frei von Dualität ist, gibt es in dem Einen alles, und in allem ist das Eine. Aus diesem Grund interagieren die östliche und die westliche Kultur heutzutage miteinander; das ist sicherlich eine gute Zeit. Was jedoch das Ziel meiner Sekte betrifft, so wäre die ganze Welt, selbst wenn sie in reines Gold verwandelt würde, für mich nicht wertvoll. Einerseits sollten wir nicht nach hochentwickelten Technologien und Fertigkeiten greifen, andererseits sollten wir aber auch nicht töricht die Entbehrungen der Unterentwicklung ertragen. Lauft nicht den Bedingungen hinterher, sondern zerbrecht das Lackfass und transzendiert die Dreifache Welt. Wenn ihr dadurch ein Lehrer von Göttern und Menschen werdet, werdet ihr ein Löwe mit Hörnern sein. Zu einem solchen Zeitpunkt werden die vier Milliarden Menschen der Welt eins sein. Da ihr die große Wahrheit des Universums erkannt und alle Relativität abgeschnitten hättet, wie könntet ihr dann nicht glückselig sein?“

Ihr solltet wachsam bleiben und den Zweifel an eurem ursprünglichen kung-an aufkommen lassen, als würdet ihr versuchen, euren Kopf vor dem Verbrennen zu retten, oder als wäret ihr ein Baby, das sich nach der Milch seiner Mutter sehnt. Seid nicht unachtsam!

Goldstaub ist kostbar, bis er in eure Augen gelangt, dann ist er nur noch Staub. Was ist vergleichbar mit der Verwirklichung des Dharmas der Leerheit und der plötzlichen Rückkehr zur Wahrheit? Ost und West sitzen zusammen und diskutieren über das Absolute und das Phänomenale. Die vier Weisheiten und der dreifache Körper überschreiten sowohl den Gastgeber als auch den Gast."

Der Meister schlug drei Mal seinen Stab an und stieg von der Plattform herab.

Fünfte Vorlesung

Der Meister wandte sich vom Hochsitz aus an die Mönche und sagte: „Das Tao ist nichts Besonderes. Über eurem Kopf tragt ihr den blauen Himmel. Mit euren Füßen tretet ihr auf die große Erde. Wenn ihr eure Augen öffnet, seht ihr die Sonne. Und doch ermüdet ihr eure Beine durch langes Sitzen. Alle hier versammelten Mönche! Habt ihr verstanden? Lasst jeden, der mit dem Dharma-Auge ausgestattet ist, sprechen. Was ist das Tao?"

Nach einer Pause sagte er: „Der stille Glanz dieses kostbaren Drei-Fuß-Schwerts der Weisheit ist schillernd. Die Welten der zehn Richtungen sind vor meinen Augen; ein Augenblick des Denkens ist zehntausend Jahre. Habt ihr das verstanden? Sobald ihr versteht, ist alles, was ihr tut, wenn ihr euren Körper dreht oder eure Gedanken bewegt, das erhabene Wirken des Wahren Geistes. Wenn ihr jedoch in Äußerlichkeiten verstrickt seid und entsprechende Gedanken aufkommen lasst, dann ist das alles eine Fehlfunktion des Geistes, nicht nur wenn ihr zwischen richtig und falsch unterscheidet, sondern eigentlich jedes Mal, wenn ihr eure Hände hebt oder einen Schritt nach vorne macht.

So heißt es in einem Gedicht:

> Der Große Weg ist ohne Tor, er hat weder Eingang noch Ausgang. Das Dharma-Reich der zehn Richtungen liegt vor deinen Augen. Das wahre Gesicht, das alles gleichermaßen umarmt, bringt im Fluss des Lebens immer neue Verdienste hervor.‘

Jetzt werde ich einige überflüssige Erklärungen geben. Vor langer Zeit sagte Tsao-shan zu einem Mönch: ‚Der wahre Dharmakaya des Buddha ist wie der leere Raum. Seine Manifestation der Form in Objekten gleicht dem Mond im Wasser. Wie erklärst du diese Empfänglichkeit?‘ Der Mönch erwiderte: ‚Es ist wie ein Esel, der in einen Brunnen schaut.‘ Tsao-shan antwortete: ‚Indem du darüber sprichst, tötest du das Tao vollständig. Wie auch immer, deine Antwort drückt nur acht Zehntel davon aus.‘ Der Mönch fragte: ‚Was ist mit dir, Ehrwürdiger?‘ Tsao-shan antwortete: ‚Es ist wie ein Brunnen, der auf einen Esel schaut.‘

Das Gedicht von Fa-chen lautet:

> ‚Die Manifestation der Form in materiellen Objekten ähnelt dem Mond im Wasser. Ihr solltet wissen, dass bei dieser Empfänglichkeit keine

> Gefühle im Spiel sind. Schließlich ist der Esel, der in einen Brunnen schaut, eine schwierige Analogie. Und wie kann ein Brunnen, der auf einen Esel schaut, vollständig zehn Teile von zehn sein?‘

Heute ist dieser Bergmönch nicht derselben Meinung. Mein Gedicht lautet:

> Im Großen Vollkommenen Spiegel gibt es keine Unterscheidung. Wenn er Formen in äußeren Objekten manifestiert, hinterlässt er keine Spuren. Ein Esel schaut auf einen Esel; ein Brunnen schaut auf einen Brunnen. Von all den staubigen Sinnesobjekten im Dharmadhatu gibt es kein einziges, das nicht vollendet ist.

Versteht ihr? Seid achtsam!“

Der Meister schlug seinen Stab an und stieg von der Plattform herab.

Sechste Vorlesung

Der Meister stieg auf den Hochsitz, schlug drei Mal seinen Stab an und sagte: „Jeder hat eine Heimat; hat sie jemand von euch schon erreicht? Wenn ihr sie noch nicht erreicht habt, dann ist diese Welt ein Weg, an dessen Ende ihr nie ankommen werdet. Wie könntet ihr euch an ihr erfreuen?“ Nach einer Pause hob der Meister seinen Stab, schlug ihn ein Mal an und sagte: „Wenn ihr es erreichen wollt, solltet ihr wissen, dass euer Wille so gefestigt sein muss, als würdet ihr es wagen, einem Tiger die Augenbrauen auszureißen; euer Geist muss so fest sein, als würdet ihr es wagen, einem fliegenden Drachen an den Bart zu packen. Nur dann werdet ihr es erreichen.“ So heißt es in einem Gedicht:

> ‚Der Schnee hat aufgehört, die Wolken haben sich verzogen, und der Nordwind ist kalt. Die Kiefern und Zypressen blühen und füllen alle Berge in den vier Richtungen. Wenn es in den eigenen Worten keine Rede gibt, dann ist das Sprechen in Übereinstimmung mit dem Dharma. Die Vögel kommen in den Wald, um zu schlafen, und am Morgen fliegen sie glücklich davon.‘

Ling Chuan fragte Su Shan: ‚Wenn Blüten an einem verdorrten Baum erblühen, dann stimmt dies damit überein. Ist dies ein Satz von ‚dieser Seite‘ oder ‚jener Seite‘?‘ Meister Su Shan antwortete: ‚Das ist ein Satz von ‚dieser Seite‘.‘ Ling Chuan fragte: ‚Was ist ein Satz von ‚jener Seite‘?‘ Su Shan antwortete: ‚Der steinerne Stier haucht den Atem des Frühlings aus. Der heilige Sperling nistet nicht in einem schattenlosen Baum.‘

Ein Gedicht von Tan Hsia Chun lautet:

> ‚Ist es windstill auf dem weiten Meer, sind die Wellen ruhig. Wenn der Nebel verschwindet, ist das Wasser still und enthält den Mond. Betrachten wir das kühle Mondlicht, ist es unbegrenzt. Wer kann den Drachen erkennen, der seine Knochen in dessen Mitte hinterlassen hat?‘

Wäre ich dabei gewesen, als Ling Chuan um einen Satz von ‚jener Seite‘ bat, hätte ich gesagt:

> Aus kalter Asche entstehen Flammen, nichts bleibt unverbrannt. Der mit Augen ausgestattete Felsen sieht jenseits der weltlichen Dinge. Im Großen Vollkommenen Spiegel der Weisheit sind die zehntausend Bilder alle leer. Der Frühling im grünen Bambus und den immergrünen Kiefern ist jenseits der kalpa der Zeit.“

Der Meister schlug seinen Stab an und stieg vom Hochsitz herab.

Letzte Vorlesung

Der Meister wandte sich an die Mönche und sagte: „Heute ist in allen Klöstern des Landes freie Zeit. Wenn das wirklich der Fall wäre, hättet ihr eigentlich schon verstehen müssen, worum es uns geht. Ihr Mönche in dieser Versammlung: Sagt mir ein Wort! Was ist es?“

Nach einer Pause meinte er: „Wenn ihr mit einem Tritt Himmel und Erde umstoßen und mit der Hand die Sonne und den Mond berühren könnt, dann werdet ihr es wissen. Aber wenn ihr sagt, dass ihr es noch nicht erreicht habt, wie könnt ihr dann von der Freien Zeit sprechen? Vielmehr solltet ihr eure Bemühungen verstärken und eure Praxis ständig verfeinern. Seid wie ein Weihrauchfass in einem alten Schrein und bleibt gleichgültig gegenüber der äußeren Umgebung.

Große Erleuchtung ist euer Ziel; ihr solltet nicht falsch handeln oder gegen den Anstand verstoßen. Erforscht stattdessen euer grundlegendes kung-an.

So heißt es in einem Gedicht:

> ‚In einem einzigen Durchgang verfolgt ihr das Licht des Geistes zurück und seht eure eigene Natur. Unermessliche erhabene Weisheit wird dann frei in Gebrauch genommen. Ursprünglich gibt es keine Verunreinigungen, und der Strom der Leidenschaft ist rein. Unter dem Mond spiele ich ruhig meine Bambusflöte.‘

Einmal fragte Yun-men den Tsao-shan: ‚Was ist die Praxis des Sramana (Asket)?‘ Meister Tsao-shan antwortete: ‚Er isst den gewöhnlichen Klosterreis.‘ Yun-men fragte: ‚Wie ist das denn?‘ Der Meister sagte: ‚Kannst du es aufbewahren?‘ Yun-men antwortete: ‚Was ist so schwierig daran, Kleidung zu tragen oder

Reis zu essen?‘ Der Meister fragte: ‚Warum redest du nicht übers Tragen von Pelz und Aufsetzen von Hörnern?‘ Yun-men verbeugte sich.

Yun-men Kao zitierte diesen Dialog und sagte: ‚Bei solchen Fragen und Antworten können diese beiden Ehrwürdigen nicht darauf hoffen, dass sie nicht im Schoß eines Esels oder im Bauch eines Pferdes Pläne für ihr zukünftiges Leben schmieden. Doch wenn ein Hund einen Erlass bei sich trägt, sollten sich alle Feudalherren von der Straße fernhalten.‘

Ich, Kusan, bin nicht der gleichen Meinung. Wenn mich jemand fragte, was die Pflicht des Sramana ist, würde ich eher sagen: ‚Der Schaum des Ozeans verschwindet und ihr geht frei hierhin und dorthin.‘

So heißt es in einem Gedicht:

> ‚Wenn ihr den Himmel im Himmel erreicht, seht ihr den Chiliokosmos (Multiversum) vor euren Augen. Bleibt ihr unbewegt inmitten der acht weltlichen Winde, dann ist überall, wo ihr sitzt, ein goldener Lotus.‘“

Abschließend stieg der Meister vom Dharma-Sitz herab.

Dharma-Ansprache in Okinawa
26. Februar 1975

Im Friedenspark vor der Gedenkpagode für die Toten des Koreakrieges auf Okinawa sprach der Chan-Meister zu den Versammelten: „Eine Sache ist immer lebendig; sie entsteht nicht und hört nicht auf; sie geht nicht und kommt nicht. O ihr verstorbenen Geister, für die diese Zeremonie abgehalten wird, könnt ihr heute diese Worte ‚Es erhebt sich nicht und es hört nicht auf‘ verstehen?“

Nach einer Pause sagte der Meister: „Wenn ihr Himmel und Erde mit einem Tritt umstoßen und Sonne und Mond mit eurer Hand berühren könnt, dann werdet ihr wissen. Habt ihr das verstanden? Einige Verse lauten:

> ‚Okinawa ist nicht der Han-gu-Pass. Warum wurden so viele unterdrückt, so dass sie zu verbitterten Geistern wurden? Seit etlichen Jahren ist der Hass auf dieser isolierten Insel nicht in Vergessenheit geraten. Ist es nicht barbarisch, die Freiheit der anderen einzuschränken? Dennoch wird heute diese Gedenkpagode errichtet. Möge das Hören meiner Dharma-Worte ein gutes Ergebnis bringen. Ich präsentiere euch Geisten den Pfad zum Nirwana. Werft alle Ursachen ab und kehrt in euer Heimatland zurück.‘

Die vier Elemente sind unbeständig, sie sind nicht das ‚Wahre Ich'.

Wenn wir erleuchtet sind, ist unser eigener Geist unser Heimatland. Das Kommen und Gehen von Geburt zu Tod ist größtenteils Leiden, aber das, was nicht zunimmt oder stirbt, ist Diamant. Das Wasser wird nicht verletzt, wo der Mond den Ozean durchdringt; der aus dem Schlamm blühende Lotus ist von seiner Umgebung unbefleckt. Welcher Ort in den grünen Bergen bietet nicht eine seltene Szene? Die Blumen blühen, die Vögel zwitschern, das wunderbare Dharma wird verbreitet.

> ‚Zu Unrecht gefesselt, wurden sie geopfert; Hass erfüllte die grünen Berge und Tränen füllten die Flüsse. Um die Fehler der Vergangenheit zu bereuen, wird heute diese Pagode errichtet. Wenn ihr den Dharma hört, gebt den Hass auf und kehrt in euer Heimatland zurück.'

Obwohl es scheint, als ob dieser Körper existiert, ist er in Wirklichkeit nichtig. Die Helligkeit des ‚Wahren Ichs' ist unbegrenzt; da sie weder entsteht noch vergeht – wo ist sie jetzt? Heftet ein helles Licht an eure Augen und erwacht aus dem illusorischen Traum!"

Dharma-Diskurse in Amerika

Erste Vorlesung

Der Meister stieg auf den Hochsitz, schlug drei Mal seinen Stab an und sagte: „Überall auf der Welt sagen die Menschen in allen Gesellschaften ‚Ich'. Aber was ist dieses ‚Ich' eigentlich?"

Nach einer Pause hielt er seinen Stab hoch, schlug ihn nieder und sagte: „Ihr könnt dies deutlich hören." Dann hob er den Stab in die Höhe und sagte: „Ihr könnt dies deutlich sehen. Was ist es (was ihr seht und hört)? Es mag sehr schwer sein, genau zu verstehen, was es ist, aber es seid sicherlich nur ihr selbst, die sehen und hören können. Wenn ihr dieses ‚Wahre Ich' verstehen könnt, werdet ihr ein wirklich bemerkenswerter Mensch sein. Solange ihr es jedoch nicht versteht, seid ihr ein einsamer Geist, der durch die Wälder streift. Es ist klar, dass alle Menschen dieses ‚Wahre Ich' erkennen müssen. Wenn ihr wahrheitsgemäß sagen könnt: ‚Mit einem Schlag kann ich das Empire State Building niederreißen; mit einem Schluck kann ich den gesamten Pazifischen Ozean verschlucken', dann und nur dann werdet ihr es verwirklicht haben. Ein gatha lautet:

> ‚Die Selbst-Natur, der goldene Buddha, transzendiert nah und fern, Ost und West. Heute können alle Menschen furchtlos werden. Die

> Frühlingswinde kommen und die Blumen beginnen zu blühen.‘

Die vergängliche Welt durchläuft das Entstehen, das Verweilen, den Verfall und das Verlöschen. Die Zeit dreht sich durch Frühling, Sommer, Herbst und Winter. Das ungeborene Kind wird Geburt, Alter, Krankheit und Tod durchlaufen. Das Bewusstsein des Menschen durchläuft Wachstum, Reife, Senilität und wird schließlich ausgelöscht. Das Leben ist so vergänglich wie ein Tautropfen, und alles ist in Bewegung. Es gibt in den sechs Regionen des Daseins keinen Ort, an dem der Mensch eine sichere Zuflucht finden kann. Selbst ein hundertjähriges Leben ist nur von der Dauer eines Augenblicks. Wie können wir all das außer Acht lassen und unsere Beine ausstrecken, um friedlich zu schlafen?

So heißt es in einem Gedicht:

> ‚Wenn eine Handvoll Asche in den Wind geworfen wird: Wer weiß, wohin sie geht? Bedenkt, dass die Dinge nicht von Dauer sein können, und beginnt, euch in Meditation zu üben.‘

Das Absolute verweilt nicht in Worten. Es wohnt nicht an einem bestimmten Ort und ist nicht in der Zeit. Wenn ihr das Meer von Geburt und Tod überquert und am anderen Ufer ankommt, erbt ihr grenzenloses Glück und wahre Zufriedenheit. Deshalb praktiziert von morgens bis abends Chan und erwacht aus dem Traum. Arbeitet hart!

Der Tiger in seiner Grotte
  streitet mit keinem anderen Tier.
Unbegrenzt schwebt der flüchtige Drache
über den Himmel.“

Der Meister schlug drei Mal seinen Stab an und stieg herab.

Zweite Vorlesung

Der Meister bestieg den Hochsitz und sagte: „Die fühlenden Wesen sind alle in einem Boot, das übers Meer fährt. Der Mensch ist eins mit dem Boot. Das Meer ist eins mit dem Land. Alles, was wir sehen, ist in ständiger Aktion und Bewegung, aber es gibt ein Ding, das majestätisch und absolut natürlich ist. Darin ruhen alle Dinge. Oft begegnet man geschäftigen Menschenmengen, aber versteht man das eine unbewegliche Ding? Indem ihr dieses erkennt, erreicht ihr das Reich der Befreiung.

Die vier großen Elemente trennen sich voneinander; das Auge und die Objekte des Sehens trennen sich voneinander. Wisst ihr, wohin sie gehen? Wenn ihr wisst, wohin sie gehen, gelangt ihr zum Juwelenpalast. Gibt es irgendwelche dieser Juwelen in eurem eigenen Haus?“

Nach einer Pause stieß er einen Schrei aus und sagte: „Wenn ihr die Erde treten und umstoßen und die Sonne mit euren Händen berühren könnt – erst dann seid ihr angekommen.

So heißt es in einem Gedicht:

> ‚Der Nachthimmel sieht aus wie glitzernder Sand. Das tiefblaue Meer mit seinen Millionen von Wellen ist im Grunde ‚so'. Wenn wir lautlos ins Meer gleiten, sehen wir eine Feuersäule. Nach einem Regenschauer tropft das Wasser von den Dachrinnen, und es bilden sich silberne Perlen.'

Die Gesellschaften der Welt sind fieberhaft auf der Suche nach einem neuen Gott. In diesen Tagen sehen wir, wie sich die asiatische Religion und die westliche Technologie einem Punkt der Synthese nähern. Erkennen alle Menschen die Bedeutung davon? Wenn ihr wisst, dass dies eine wirklich wunderbare Zeit ist, werdet ihr dann nicht anderen davon erzählen? Was macht ihr alle? Wo wollt ihr alle hin?

Dieser Stab hängt sowohl im Osten als auch im Westen. Die helle Sonne steht am Himmel, und die große Erde jubelt. Der angesammelte Schnee von zweitausend Jahren trifft jetzt auf die warme Frühlingsbrise, die ganze Schöpfung ist liebenswert.

Ihr seid nun alle mit der Lehre des Buddha konfrontiert. Der Frühling ist in die Welt gekommen, und überall sehen wir Blüten aufblühen. Versäumt diese goldene Gelegenheit nicht, sondern kultiviert fleißig Samadhi und Prajna. Werdet Lehrer der Götter und Menschen und strebt ernsthaft nach der Befreiung aller Wesen.

Vögel fliegen und verlieren ihre Federn;
Fische schwimmen und das Wasser ist trüb.“

Der Meister stieg vom Hochsitz herab.

***